Traudi Schlitt

Alles Gute

... oder wie man mit ein wenig Wahnsinn
gut durchs Jahr kommt!

50 Kolumnen aus dem Leben

Bibliographische Information der Deutschen Nationalbibliothek

Die Deutsche Nationalbibliothek verzeichnet diese Publikation in der Deutschen Nationalbibliographie, detaillierte bibliographische Daten sind im Internet über http://dnb.d-nb.de abrufbar.

© 2014 Traudi Schlitt

1. Auflage: Dezember 2014

2. Auflage: Februar 2015

Umschlaggestaltung: Maike Lindner Mediendesign

Herstellung und Verlag: BoD - Books on Demand, Norderstedt

ISBN: 9783734736872

Für meine Familie – jeden Einzelnen und alle zusammen.
Ohne sie hätte dieses Buch nicht entstehen können. Warum nur?

VORWORT

Seit 2011 darf ich alle 14 Tage eine Kolumne unter dem Motto „Alles Gute" in der Alsfelder Oberhessischen Zeitung veröffentlichen. Darin geht es um alles Mögliche und Unmögliche, was einem Menschen im Leben mit anderen Menschen und mit seiner Familie so passieren kann. Viele Leserinnen und Leser bangen seitdem mit mir, ob ich es wohl schaffe, meine Vorsätze von Anfang des Jahres umzusetzen, sie geben mit Tipps, wie ich am besten mit Essensresten umgehen könnte, sie zeigen mir auf Kneipentoiletten ihre Mückenstiche und sie verzeihen es mir sogar, wenn ich über den FC Bayern abläuster. Kurz: wir haben immer sehr viel Spaß zusammen und scheinen uns gegenseitig zu allen möglichen Ideen zu inspirieren. Die Rückmeldungen machen mir auf jeden Fall meistens sehr gute Laune, und ich bedanke mich an dieser Stelle aus tiefstem Herzen dafür. Gut, dass das Leben in Alsfeld im Allgemeinen und in unserem Haus im Besonderen so bunt und so chaotisch ist wie vermutlich in allen anderen Familien! So werden sicher noch einige Kolumnen zum weltbewegenden (oder weltanhaltenden) Geschehen im Vogelsberg folgen.

Für diese kleine Sammlung habe ich fünfzig Texte ausgewählt, die in den letzten vier Jahren entstanden sind. Häufig finde ich Themen im Jahreslauf, und daher heißen die ersten vier Kapitel genauso wie die Jahreszeiten, die mich immer wieder auf neue Ideen bringen. Ganz besonders ergiebig ist offenbar der Winter – Sie werden sehen! Es ist ja auch immer irgendwas! Und nicht nur draußen in der Natur, auf den Festen und unterwegs tut sich was, nein auch in den eigenen vier Wänden ist ständig etwas los. Davon handelt das Kapitel „Family Life". Und weil das mit den „Männern und den Frauen" ein Kapitel für sich ist, ist es auch in meinem Buch ein Kapitel für sich. Und die vielen Kolumnen, die so gar nicht zuzuordnen sind? Die habe ich Ihnen als Zugabe eingepackt. Einfach so.

Falls mein Büchlein Leserinnen oder Leser findet, die nicht aus der Region kommen, seien diese gewarnt: Meine Kolumnen sind mitunter sehr alsfeldlastig. Aber vielleicht gelingt es ihnen ja, Parallelen zum eigenen Kosmos darin zu finden, frei nach dem Motto: ein bisschen Alsfeld ist überall...

Natürlich ist mir die Auswahl nicht leicht gefallen. Ein bisschen ist es ja mit solchen Sachen wie mit den Kindern: man sagt immer, man hat alle gleich lieb. Ich hoffe, ich habe die Texte ausgewählt, die auch meine Leserinnen und Leser ausgesucht hätten, denn für sie sollen sie ja sein. Spaß gemacht haben mir natürlich alle und genau das sollen sie Ihnen auch!

In diesem Sinn: Alles Gute!

Ihre Traudi Schlitt

INHALTSVERZEICHNIS

FRÜHLING

Der Lenz ist da	Seite 10
Mistbeete	Seite 12
April, April	Seite 14
Ostern	Seite 16
Muttertag	Seite 18
Muttertag reloaded	Seite 20
Pfingstmarkt	Seite 22

SOMMER

Dorfsommer	Seite 26
Rasenmäher	Seite 28
Mückenstiche	Seite 30
Stunde der Wahrheit	Seite 32
Vor-Ferien-Marathon	Seite 34
Kofferpacken	Seite 36
Lob der Faulheit	Seite 38

HERBST

Wer jetzt kein Haus hat…	Seite 42
Saisonware	Seite 44

WINTER

Ich suche, also bin ich	Seite 48
Adventszeit	Seite 50
Weihnachtswahnsinn	Seite 52
Weihnachten	Seite 54
Glückskekse	Seite 56
Ansichtssache	Seite 58
Vorsätze	Seite 60
Neununddreißig	Seite 62
Fasching	Seite 64
Konträrfaszination	Seite 66
Fasten	Seite 68

FAMILY LIFE

Zahnspangenwartin	Seite 72
Fernbedienungen	Seite 74
Eigenleben	Seite 76
Immer ich!	Seite 78
Tage wie dieser	Seite 80
High Life	Seite 82

DAS MIT DEN MÄNNERN UND DEN FRAUEN

Frauenwoche	Seite 85
Sex sells	Seite 88
Quoten	Seite 90
Frauenfußball?	Seite 92
Multitasking	Seite 94
Vatertag	Seite 96
Frauenthemen	Seite 98
Männerthemen	Seite 100

ZUGABE

Abi-Treffen	Seite 104
Überweisung	Seite 106
Die Frau im Navi	Seite 108
Termine	Seite 110
Warten	Seite 112
Mehr Licht	Seite 114
Kommunikationsprobleme	Seite 116
Fußballphilosophie	Seite 118
Alte Liebe	Seite 120

FRÜHLING

Der Lenz ist da!

Unsere Hollywoodschaukel steht wieder draußen! Wissen Sie, was das bedeutet?! Es wird Frühling! Haben Sie es auch schon gerochen, wenn Sie morgens das Fenster oder die Tür öffnen? Und haben Sie schon die Vögel morgens wieder gehört, wie sie ihr wunderschönes, verheißungsvolles Frühlingslied zwitschern? Nach einem halbherzigen Winter, der einem ebenso wenig inbrünstigen Sommer gefolgt war, kann es nun nicht mehr lange dauern, bis die Gartenmöbel der Hollywoodschaukel nach draußen folgen, bis wir den ersten Kaffee open air trinken, bis mein Mann endlich wieder das Verdeck seines alten Golf Cabrios zurückklappt und bis, ach ja, bis dann hoffentlich auch die letzten Reste des vergangenen Sommers von unserem Balkon verschwunden sind, denn irgendwie reichen meine gärtnerischen Kräfte nur zum Hinräumen der Kübel mit Lavendel und Rosmarin, zum Wegräumen vorm Winter fehlt mir stets die Kraft.

Doch wenn wie jetzt die Säfte steigen, dann rührt sich auch in mir kurzfristig neuer diesbezüglicher Tatendrang, dann reihe ich mich in die Schlangen im Gartencenter ein, auf der Suche nach Ersatz für meine aufgefrorenen Terrakottatöpfe, nach bunter Deko und selbstverständlich hie und da auch nach Blumenerde und frischem Lavendel. Lavendel deshalb, weil ich denke, wer es einen ganzen Sommer lang in der freien Natur in der Provence aushält, der schafft das auch bei mir auf dem Balkon. Die erste Dürrezeit beginnt dort unmittelbar nach dem Eintopfen, und wird zumeist nur unterbrochen, wenn es die gnädige Natur regnen lässt – oder in Person meiner Schwiegermutter einen Menschen mit Gießkanne vorbeischickt.

Einmal hatte ich Hortensien gekauft, weil die mir so gut gefallen. Doch wir kamen, ehrlich gesagt, nicht so recht zusammen, weil diese Art Pflanze ja schon beleidigt ist, wenn du auf dem Balkon ein Glas Wasser trinkst und sie nichts davon abkriegt. An einem heißen Tag konnte ich sie dreimal gießen, damit sie nicht die Blätter hängen lässt; alles, dass ich keine Pflegekraft für sie einstellen musste! Solche Pflanzen sind definitiv nichts für mich und meinen braunen Daumen. Menschen mit echtem und gefühltem grünen Daumen dagegen überkommt nun langsam wieder das große Kribbeln, das Aufbruch verkündet, das Scharren mit den Hufen vor den vom Winter noch klammen Schuppen, das Wettrennen um die gelungensten kleinen Salatpflänzchen, das Öffnen der verheißungsvollen Pakete von Gärtner Pötschke...

Ach ja, der Frühling. Meine Kinder geben ihre Fahrräder und Kettcars bei meinem Mann zur Inspektion, damit sie bald wieder damit die Erlen und ihre restliche Umwelt unsicher machen können, und ich gebe mich ganz kurz, ganz kurz nur, meinem schlechten Gewissen hin, da ich auch in diesem Jahr, so wie viele Jahre vorher, dem natürlichen Drang einen Frühjahrsputz zu veranstalten widerstehen werde. Nur in homöopathischen Dosen nähere ich mich diesem beklemmenden Thema, etwa, indem ich anfange, die Kinderklamotten umzusortieren, die lila Winterdeko gegen helles Grün und Weiß zu tauschen und – ganz wichtig – die Kataloge umzusetzen. In einem kleinen Schränklein bewahre ich alle Kataloge auf, die im Lauf einer Saison so kommen. Frauenklamotten, Kindersachen, ganz vereinzelt auch Männerkleidung, Schuhe, Deko, Ikea – alles, was das Herz so begehrt und für das man auf jeden Fall gewappnet sein muss, wenn ein Bedarf sich auftut. Lediglich ein kleines separatistisches Häufen entgeht meinen Säuberungen. Es ist der Stapel meines Mannes, bestehend aus einem Conrad-, einem Wunderlich- und einem Globetrotter-Katalog. Welche Mengen ich dann aber alle halbe Jahr der Altpapier-Tonne zuführe, das behalte ich lieber für mich, nur so viel: auf einmal tragen kann ich es nicht. Doch diese Pein ist vergessen beim ersten Blick auf die neue Frühlingsmode, wenn schöne, lachende Frauen vor sommerlicher Landschaft mir zuzurufen scheinen: „Schau mal, Traudi, diese figurumschmeichelnde Tunika mit luftigem Volantsaum im Nudelook ist wie gemacht für dich!" Im Moment bin ich noch standhaft, aber der Hermesbote kann sich schon mal warm laufen, denn lange kann es nicht mehr dauern....

Vorerst beglücke ich mich an den ersten Frühlingstagen, von denen hoffentlich genau heute einer sein wird! Wir sehen uns in der Eisdiele!

Mistbeete

Es wird Frühling! Wenden wir uns den Beeten zu! Natürlich nicht den akkurat gepflegten, aufblühenden Prachtbeeten hiesiger Gärten – mit denen kenne ich mich nicht aus! Mein Spezialgebiet sind Mistbeete. In meinem Haushalt befinden sich zahlreiche Versuchsanordnungen davon in unterschiedlichen Stadien – natürlich nur zu Forschungszwecken! Zur Hege und Pflege der Mistbeete stehen mir vier auf diesem Gebiet hervorragend ausgebildete Helfer zur Seite, die dafür sorgen, dass die Beete, um die ich mich selbst nicht kümmern kann, auch ohne mein Zutun wachsen und gedeihen.

Als sehr fruchtbarer Ort für ein Mistbeet eignet sich zunächst die Fensterbank. Dort fühlen sich Zeitschriften aller Art, Kataloge, vergessene Stifte, Spitzer und Radiergummis sowie aus der Schule mitgebrachte Bastelarbeiten und leere Brotdosen besonders wohl. Zwischendrin versuchen hier und da kleine Vasen mit dekorativen Zweigen die Aufmerksamkeit auf sich zu ziehen: „Schaut zu uns", scheinen sie zu rufen, „stellt euch vor, wie schön es hier wäre, stünden wir nur ganz alleine hier!" Was natürlich so gut wie nie der Fall ist, da meine eifrigen Helfer stets für Nachschub auf der Fensterbank sorgen. Auf der Anrichte in der Küche ist es zwar nicht so sonnig wie auf der Fensterbank, aber auch dort gedeihen bestimmte Mistbeete ausgesprochen gut. Probieren Sie es einfach mal aus, wenn Sie darüber nachdenken, auch Ihr Heim mit einem individuellen Mistbeet zu schmücken. An dieser Stelle hat sich besonders die Anzucht von Infozetteln aus der Schule, Post von Bofrost, Einladungen und Werbung mit integrierten Gutscheinen bewährt – alles Dinge, die glücklicherweise immer wieder ohne eigenes Zutun ins Haus flattern, sodass man sie nur dekorativ auf dem Mistbeet verteilen muss. So einfach kann man ein behagliches Wohngefühl schaffen!

Herrliche Mistbeete unterschiedlicher Zusammensetzung gedeihen auch gerne auf der Ablage unter der Couchtischplatte. Neben der dort festinstallierten unjahreszeitlichen Dekoration tummeln sich hier mit Vorliebe Fernbedienungen, die man gerade nicht sucht, leere Gummibärchentüten, Nüsschendosendeckel, Wollreste und vergessene Lektüre. Auch neben allen möglichen

Eingangstüren ist ein guter Platz für ein Mistbeet: Schulranzen, Sporttaschen, Jacken und Schuhe können hier zu einem lebendigen Stillleben arrangiert werden, sodass man beispielsweise freitags noch erkennen kann, ob das Kind, das seine Sporttasche montags neben der Eingangstür abgelegt hat, zum Balkon oder zur Haustüre reingekommen ist. Es lebe die Transparenz!

Kommen wir nun zu den etwas versteckteren Mitstbeeten, den Kruschschubladen, die in keiner wohlsortierten Küche fehlen dürfen. Hier kommt erstmal alles rein, was man immer braucht: Pflaster, Scheren, Stifte, Feuerzeuge, Filzgleiter, Bedienungsanleitungen, Brillenputztücher, Inbusschlüssel, Strohhalme, Stromprüfer, Pfefferminzbonbons, Tempos, Streichhölzer, Tiefkühletiketten – einfach alles. Und obwohl die Schubladen damit meist schon ganz schön voll sind, passt alles andere, was sich sonst so findet, auch noch dort hinein: abgefallene Batteriedeckel von Fernbedienungen, vergessene Haarspängchen, ausrangierte Portemonnaies, Büroklammern, Tischtuchklammern, Taschenheizungen, Schraubenzieher, Maßbänder – einfach alles. So hat man auch immer schnelle eine Antwort auf die Frage „Wo haben wir denn....?" parat: „Schau mal in der Kruschschublade, mein Schatz!"

Schlimm wird es allerdings, wenn man – in einem Anfall von Frühjahrsputz oder Ähnlichem – die Mistbeete auflöst, eine Verzweiflungstat, die sich nicht sonderlich bewährt hat. Dann findet man nämlich gar nichts mehr, denn so gut aufgehoben wie auf einem dekorativen Mistbeet sind die Sachen sonst nirgendwo.

Und weil kaum ein anderes Kunstwerk so viel über den soziokulturellen Zustand einer Gesellschaft verrät wie ein gutgepflegtes Mistbeet, werde ich beim World Heritage Committee einen Antrag stellen, die Mistbeete in die Liste des Welterbes aufzunehmen! Über den Fortschritt dieses Plans halte ich Sie auf dem Laufenden!

Darum Vorsicht beim Frühjahrsputz: Finger weg von den Mistbeeten!

April, April

Gestern war der 1. April! Sind Sie auch reingeschickt worden? Und, haben Sie sich geärgert oder haben Sie darüber gelacht? Also, ich wünsche mir, es wäre öfter der 1. April! Neulich zum Beispiel, als ich mich angesichts der Frühlingssonne in ein Röckchen werfen wollte, und binnen fünfzehn Minuten in drei Nylonstrumpfhosen Laufmaschen gezaubert habe: Da wünschte ich mir, es würde einfach jemand um die Ecke kommen, mir drei neue Strumpfhosen hinhalten und rufen „April, April"!

Oder als ich letztens die Untere Fulder Gasse im Auto hochschlich, wie ich meinte, und mich über die scheußliche Dekoration vor einem Haus wunderte. Gegenüber stand das gleiche Gebilde, ein komisches Etwas, mit Tarnzeug verhangen. Als mir dämmerte, was es war, musste ich furchtbar lachen. Statt „April, April" machte es „Blitz" und das freundliche Foto von mir kostete 15 Euro. Den Lieblingspulli des Ehemannes in der Waschmaschine versaut (Weihnachtsgeschenk der Schwiegermutter)? „April, April!". Einen Parkplatz vor der Post gefunden und das Päckchen zuhause vergessen? „April, April!" Beim Pressetermin mit dem Landrat, dem Dekan und dem Präses das Handy angelassen und natürlich angerufen worden? „April, April!" Von Hannelore Hoger verboten bekommen, sie zu fotografieren und unverrichteter Dinge an den Platz zurückschleichen müssen? Ach, war doch nur ein kleiner Scherz der Diva! „April, April!" Kaum ein Tag, wo ich mir als versierte Fettnäpfchenfinderin nicht mindestens einmal wünsche, es wäre „April, April!" Die kleinen Widrigkeiten des Alltags einfach ungeschehen machen, einfach mal eben „April, April" rufen und alles ist nicht wahr! Tolle Vorstellung, oder?

Damit Sie wissen, was ich meine, erzähle ich Ihnen heute mal von meinem schlimmsten Fauxpas, der inzwischen schon so lange vorbei ist, dass er zu meinen Lieblingsanekdoten gehört: Als ganz junge Frau habe ich mal eine französische Reisegruppe betreut, die zum Abschluss ihrer Fahrt von der Gemeinde Neuhof zum Essen eingeladen war. (Es muss schon sehr lange her sein, wenn die Gemeinden noch Geld für so etwas hatten!) Ich saß jedenfalls zwischen dem katholischen Pfarrer und dem Bürgermeister und war sehr aufgeregt. So aufgeregt, dass ich unter dem Tisch ständig gegen das Tischbein trat. Glaubte ich zumindest. Bis der Pfarrer zu mir sagte, es mache ihm ja nichts aus, aber das, wogegen ich die ganze Zeit treten würde, sei sein Holzbein! ------------------------ Noch Fragen? Mir blieb die Luft weg. Ich wartete, hoffte auf was auch immer, war bereit zu fallen, doch kein Loch tat sich unter mir auf, um mich gnädigst zu verschlingen, und da es August war, kam auch keine gute Fee um die Ecke und rief „April, April!" Sch-ade. Ich musste da durch. Und wissen Sie was?

Es ging vorbei. Mir wurde zwar Tage und Wochen später noch heiß und kalt und kribbelig im Bauch und zittrig in den Beinen, wenn ich daran dachte, aber es ging vorbei und wurde zu einer der Geschichten, die immer wieder für einen Lacher gut sind. Vielleicht auch für Sie. Wenn Sie also das nächste Mal wieder so richtig mit Anlauf in ein Fettnäpfchen getreten sind oder irgendetwas passiert ist, wobei man lieber nicht gesehen worden wäre, denken Sie einfach an den katholischen Pfarrer mit dem Holzbein und mich, und alles ist nur noch halb so schlimm. Fast so, als wäre es ein wenig „April, April!" – auch noch im Mai!

Behalten Sie stets die Contenance in solchen und ähnlichen Fällen!

Ostern

Es war Ostern. Und es war Zwilli-Geburtstag. Unsere Anrichte in der Küche sieht aus, wie das österliche Themenregal der hiesigen Lebensmittelmärkte kurz nach Weihnachten, also voll. Und das kam so:

In weiser Voraussicht – schließlich standen am kompletten Osterwochenende, also auch am Karfreitag, dem traditionellen Eierfärbetag, zahlreiche Feierlichkeiten und Besuche an – färbten wir am Mittwoch vor Ostern eifrig zwanzig Eier. Das hört sich nicht viel an, aber ich hatte sie gut abgezählt, weil wir in jedem Jahr so furchtbar viele übrig haben: Je zwei für unsere Kinder, je zwei für die Nachbarskinder, je zwei für die Besuchskinder, je zwei für Nichte und Neffe, macht achtzehn Eier, zwei in Reserve. Der Plan war nicht schlecht. Da wir wegen anderer Verpflichtungen bereits am Karfreitag den Zwilligeburtstag feierten, rückte die ganze Verwandtschaft schon mit ihren Osternestern an. Am Abend des Karfreitag hatten wir bereits drei Osterhasen nach Art der „Hasenschule" von meiner Mutter, drei bunte Hasen in einer Tüte mit Eiern und je einem Fünf-Euro-Schein von meiner Schwester und drei Hasen eines namhaften Schweizer Chocolatiers von meinem Bruder auf der Anrichte versammelt. Dabei war es uns gerade eben erst gelungen, in einer der Geburtstagstorten den letzten Schokoladennikolaus zu verarbeiten. Unser Vorrat an gekochten Eiern war am Karfreitag – nach Abzug alle Eier für Gastkinder - bereits auf vierzig angewachsen. Das ist alles wahr.

Es kam der Ostersonntag und mit ihm noch drei Goldhasen mit roter Schleife und goldener Glocke von der anderen Oma zu unserer Sammlung und von uns selbst – wir können nicht anders! - drei lila sogenannte Schmunzelhasen. Ob die wohl so schmunzeln, weil sie sich wundersam vermehrt haben?! Denn es stehen vier von ihnen in der Hasenansammlung, und da liegt der Hase im Pfeffer, äh auf der Anrichte, falls es kein österliches Wunder ist: keiner weiß mehr, wo dieser einzelne lila Osterhase her kam, wir hatten dann offensichtlich doch recht schnell den Überblick verloren. Und so bilden die Schmunzelhasen ihre eigene, vierköpfige Peergroup in unserem österlichen Ensemble. Wer zuerst aufgegessen wird, ist noch völlig offen, da sich um sie herum noch eine gefühlte Million kleiner Schokoeier unterschiedlichen Aussehens, Erwartungen und Füllungen türmen sowie ein halbes Dutzend Tafeln Schokolade. Nur gut, dass meine Kinder nicht meine Veranlagung zum Dickwerden geerbt haben – endlich mal eine schlechte Eigenschaft, die ich bei der Streuung des Erbguts für mich behalten habe!

Leider habe ich auch den Hang zum „Schnuggeln" nicht in ausreichender Menge weitervererbt, sodass ich mich am Ende wieder ganz alleine um die Vertilgung der Schokoladen kümmern muss – einer muss ja schließlich für Ordnung auf der Anrichte sorgen – warum also nicht die, die es sonst auch tut!? Die gekochten Eier – sechs der vierzig wanderten ja kurzfristig in die Osternester unserer Kinder und von dort wieder zu ihren 34 wartenden Kollegen zurück – werden zu so originellen Gerichten wie grüner Soße und Eiersalat verarbeitet, da haben ja alles was davon. Bleibt nur zu hoffen, dass ich bis Nikolaus genügend Rezepte für Schokoladenkuchen auf chefkoch.de finde und Anlässe für Schokokuchen aller Art auftauchen, damit die Hasen gerecht aufgeteilt werden - denn sonst sehe ich schwarz für die Sommerfigur. Aber das ist ein anderes Thema!

Guten Hunger bei Schokolade und Grüner Soße!

Muttertag

„Mama, was wünschst du dir denn zu Muttertag?", fragte das pfiffige Kind einst seine liebe Mutter. „Drei brave Kinder", antwortete die Leidgeprüfte. „Oh, prima", freute sich der Filius, „dann sind wir ja schon sechs!" Vielleicht ist das nicht der originellste Witz, aber ich brauchte einen schnellen Einstieg für meine Muttertagsglosse. Schließlich bin ich noch mit dem Wegräumen der Berge von Geschenken in Herzformen aller Art beschäftigt, mit denen meine Lieben am Sonntag mein Mutterherz erfreut haben: ein Herz aus Rosen vom hiesigen Blumenhandel, einen herzförmigen Muttertagskuchen vom Bäcker, eine herzförmige Seife, natürlich mit Rosenduft, eine herzförmige Pralinenschachtel mit der Aufschrift „Mama ist die Beste" und natürlich ein goldenes Herz mit einem echten Diamanten vom Juwelier! Sie finden, ich habe ein wenig zu dick aufgetragen? Stimmt!

Also kein Grund, neidisch zu werden, meine Damen, alles gelogen! Der ganze Muttertagsplunder ist – zumindest was uns betrifft – genauso wie der alljährliche Valentinstagströdel in den Läden geblieben! In Wirklichkeit haben sich meine Lieben mit Muttertagsgeschenken sehr dezent verhalten – drei schöne selbstgebastelte Sachen habe ich von meinen Jungs bekommen – ja, es waren auch wieder Süßigkeiten dabei -, über die ich vereinzelt schmunzeln bis vor Rührung ein wenig weinen musste, und das war's! Für meinen Mann ist die Sache mit dem Geschenk zu Muttertag ohnehin ganz klar: „Du bist ja nicht meine, Mutter, oder?" Darüber kann selbst ich nicht mit ihm streiten. Und irgendwie ist das ja auch ganz schön, denn ehrlich gesagt – was nützt mir schon ein Tag? Wo das Jahr doch noch mindestens 364 weitere zu bieten hat! Tage, die schön sind, frustrierend, anstrengend, voller Sorge, voller Liebe, voller Zuversicht, voller Lachen, voller Missverständnisse, voller Glück, voller Alles-zu-viel-sein und voller Die-Nase-voll haben. Voller Was-soll-ich nur-kochen und voller Ich-habe-auch-keine-Lust-auf-deine-Hausaufgaben. Voller „Noch kuscheln!" am Abend und voller „Noch fünf Minuten" am Morgen.

Das oder so etwas Ähnliches haben sich meine Kinder wohl auch gedacht und waren folglich der Meinung, mit ihrem Selbstgebastelten ihre muttertägliche Pflicht durchaus erfüllt zu haben. So störten sie mich auch weder beim Wäscheaufhängen noch bei der Zubereitung eines leckeren Mittagessens, zu dem ich meine Schwiegermutter eingeladen hatte – schließlich ist Muttertag ja auch irgendwie ein Schwiegermuttertag -, ließen mich Spargel schälen und Erdbeeren schnippeln und löffelten ganz selbstverständlich ihre großen Erdbeerbecher aus. Ganz so wie der dicke Herr auf meinem Mai-Kalenderblatt, der sich unter der Überschrift „All you can eat at Hotel Mama" im sicheren Versorgungshafen weiß. Sollte Muttertag also vielleicht auch Kindertag sein? Ich finde schon, und Vatertag und Omatag und Opatag gleich mit! Denn schließlich, wenn alles gut läuft, haben alle etwas voneinander, teilen gute Zeiten und schlechte Zeiten und wissen das ganze Jahr über, was sie aneinander haben – auch wenn mal einer oder gar eine nervt. Das kommt schließlich in den besten Familien vor!

Post-muttertaglich weichgespült, wünsche ich Ihnen noch viele Mutter-, Vater-, Kinder-, Oma- und Opatage!

Muttertag reloaded

Neulich morgens fragte mein Mann mich in einem Anflug von Leichtsinn: „Und, was hast du heute so vor?" Ich merkte auf, sortierte mich kurz und begann: „Also, gleich um neun, wenn ich es geschafft habe, dass alle Kinder gefrühstückt und mit geputzten Zähen aus dem Haus sind, habe ich einen Termin in Lauterbach beim Arzt. Danach muss ich zu einer Bekannten und ihr etwas am Computer helfen. Um halb zwei kommt unser großer Sohn nach Hause, der hätte gerne ein Mittagessen. Anschließend bringe ich ihn direkt wieder in die Stadt zur Orchesterprobe und gehe zum Elterncafé in die Schule der Zwillis. Die bringe ich dann um viertel nach drei wieder mit nach Hause und lade unterwegs auch den Großen wieder mit ein."

In meinem Wahn merkte ich gar nicht, dass mein Mann mit einer so ausführlichen Antwort nicht gerechnet hatte und hinter der Tür verschwunden war, um sich schon mal unauffällig die Schuhe anzuziehen. Ich war aber noch lange nicht fertig. „Wo warst du gerade stehen geblieben?", fragte er mit einer Mischung aus Reue über die Frage (denn eigentlich wollte er nur wissen, ob ich an diesem Tag das große oder das kleine Auto brauche. Das kommt davon, wenn man nicht genau fragt.), aus Genervtsein über so eine lange Antwort und – meiner Meinung nach zumindest – aus schlechtem Gewissen, weil er ja NUR zur Arbeit ging. „Beim Elterncafé", antwortete ich, denn ich war nicht gewillt, mir diese einmalige Chance entgehen zu lassen. „Wenn ich in der Zwischenzeit jemanden finde, der den einen Zwilli vom Schlagzeugunterricht abholt, bringe ich ihn dann nach Eifa, wenn nicht, nehme ich beide mit zum Kieferorthopäden – nach Lauterbach. So sieht der Plan bis heute Abend aus, und dabei habe ich dann noch keinen Handschlag gearbeitet." „Oh, dann hast du ja heute frei", lachte mein Mann, und ich lachte auch. Es geht doch nichts über einen humorvollen Ehemann! „Das gönne ich dir aber", rief er noch, bevor er endlich seiner Erwerbstätigkeit entgegeneilen konnte. (Inzwischen stellt er seine Frage nach dem Auto genauer.) Am Abend, als wir beim Abendessen saßen, verzichtete ich darauf, ihm mitzuteilen, dass ich es zwischendurch doch noch geschafft hatte, einen Pressetermin zu vereinbaren, mit dem Hund zu gehen und für das Abendessen einzukaufen. Ich bin schließlich eine Frau und muss nicht für jeden Handschlag, den ich mache, gelobt werden. All das erzähle ich Ihnen auch nicht, weil ich finde, dass Sie wissen sollen, wie besonders fleißig oder gut organisiert ich bin (ein Kollateralnutzen, den ich billigend in Kauf nehme), sondern weil ich weiß, dass Ihr Tag, liebe Leserinnen mit Familie und Job, so ähnlich aussieht, ein wenig schlimmer vielleicht sogar noch, weil Sie in Ihrer Arbeitseinteilung nicht so flexibel sind wie ich und vielleicht nicht so eine allzeit bereite Schwiegermutter haben. Und ich finde, wenn schon Muttertag ist, dann kann man an all das wenigstens mal respektvoll erinnern. Es sind nämlich die vielen kleinen Dinge, die im Lauf des Tages so auf uns Mütter einstürmen, die von einer Minute zur anderen unsere Plänchen umschmeißen, und die zwar in der Summe gewaltig sind, jedes einzelne aber gar nicht so ins Gewicht fällt. Normalerweise ruft ja an ganz besonders gut verplanten Tagen noch die Schule an und sagt „Ihr Kind hat sich in der Klasse übergeben. Würden Sie es bitte abholen." (im besten Fall) oder „Ihr Kind hat Läuse. Würden Sie es bitte SOFORT abholen!" (im schlimmsten Fall).

Wie oft fragen wir uns deshalb abends, was wir eigentlich den ganzen Tag gemacht haben, und von was wir so fertig sind. Außer dass unsere Kinder (und Männer) unauffällig wachsen und gedeihen, ist von unserer Arbeit so gar nichts zu sehen. Männer bauen Gartenhüttchen, streichen das Haus, reparieren Fahrräder. Manchmal bauen sie Heizungen ein oder renovieren Kinderzimmer. Was auch immer sie tun, sie schaffen bleibende Werte, und wenn nicht, dann lassen sie sich auch schon mal fürs Rasenmähen loben. Heute, finde ich, sollte das Lob, das ehrlich gemeinte Lob, mal auf unserer Seite sein, denn die Tatsache, dass es unseren Familien meistens ziemlich gut geht, ist ein Riesenverdienst, der eben nicht allein auf dem Broterwerb basiert, sondern auf den vielen kleinen Dingen, mit denen wir uns Tag für Tag beschäftigen, die ganz häufig immer und immer wieder erledigt werden wollen und dazu angetan sind, uns mürbe zu machen. Und weil Eigenlob stinkt, lobe ich nicht mich, sondern Sie, liebe Leserinnen, und zwar ganz, ganz ehrlich!

Machen Sie sich einen schönen Muttertag, Sie haben es verdient!

Pfingstmarkt

Es war Pfingstmarkt – nur für den unwahrscheinlichen Fall, dass es irgendjemand in Alsfeld nicht bekommen hätte. Feste, so sagen die Soziologen – wirken gemeinschaftsstiftend und gemeinschaftserhaltend. Dazu kann ich mich leider nicht hinreichend äußern, denn ich war - ich muss es zugeben - weder im Zelt noch in der Stadthalle. Ehrlich gesagt, gehe ich nur meinen Kindern zuliebe auf den Rummel – ich selbst mag gar nichts mehr fahren, selbst bei einem Flug im Kettenkarussell wird mir blümerant, es ist mir viel zu laut, viel zu wuselig, unruhig und hektisch. Ich nehme aber an, dass die Soziologen recht haben. Meine uneingeschränkte Zustimmung fänden sie auf jeden Fall, wenn sie sagten, der Alsfelder Pfingstmarkt stärke den Familienzusammenhalt. In mir zumindest wurden archaische Triebe freigesetzt, als ich versuchte, am Familientag einen, oder besser zwei Auto-Scooter zum halben Preis für meine Zwillis zu erobern. Wie eine Löwin in der Steppe sich auf eine davoneilende Gazelle stürzte, setzte ich – vom Rand betrachtet vermutlich keinesfalls gazellengleich, dafür todesmutig – zum Sprung an auf alles, was irgendwie frei zu werden schien, und als ich tatsächlich ein Auto ergattert hatte, ruhte ich nicht eher, bis ich ein zweites vorübergehend unser eigen nennen konnte.

Runde um Runde fuhren wir zu sechst in abwechselnder Besetzung, zwischendurch rannte ich wagemutig über den Parcours und verteilte Chips, damit bloß keiner meiner Lieben auf die Idee kommen konnte, die von vielen, vielen Kinder-, Väter- und Mütteraugen anvisierten Boliden zu verlassen, solange chipsemäßig noch was ging. Als unsere Chips schließlich zu Ende waren und die Vernunft und das Budget jede weiteren Aufkäufe verboten, konnte ich noch damit glänzen, dass eines der Fahrzeuge großzügig in die Hände unseres Pfarrers und seines Sohns überging. Gut gemacht! Weiter ging die wilde Jagd, als ich einem Doppelsitz im Kettenkarussell auflauerte oder den begehrten ADAC-Hubschraubern im Kinderkarussell. Das Lach- und Freuhaus übernahm – ewig sei es ihr gedankt – meine Freundin für mich, denn das hätte ich nicht auch noch bewältigen können. Ich brauchte eine Pause! Tragisches ereignete sich danach an der Losbude, als wir uns zwischen einem weiteren kleineren Plüschtier für unsere 698-köpfige Sammlung, einem vermutlich bereits im Entstehungsprozess kaputtgegangen Laserpointer und einem - für mindestens fünf Minuten defektfreien Besitzes geeigneten - kleinen Auto entscheiden mussten. Zu welchem Schluss man auch kommt, am Ende kann man ein bis drei todtraurige und enttäuschte Kinder sein eigen nennen und noch einmal ist alle Liebe und alles Verständnis gefragt, um sie zu trösten – falls das nicht hilft oder man schon so geschwächt ist, dass man dazu einfach nicht mehr in der Lage ist, tut es auch eine große Portion Zuckerwatte oder eine große Tüte gebrannte Mandeln. Oder die viel gehörte, selbst benutzte und anfangs noch leise gezischte Drohung: „Wenn jetzt hier nicht bald Ruhe ist, gehen wir nach Hause und das war's dann mit Pfingstmarkt!"

Als ich am Abend die dramatischen Szenen, die sich auf dem Festplatz abgespielt hatten, noch einmal Revue passieren ließ, dachte ich, in der Steinzeit wären mein Mann und ich wohl das erste Paar in der Horde gewesen, das die Verteilung der Geschlechterrollen vertauscht hätte: So wie ich mich an diesem Tag auf dem Pfingstmarkt geschlagen hatte, hätte ich mit zur Jagd gemusst und er wäre zuhause in der Höhle bei den anderen Frauen geblieben. Ob ich das damals gut gefunden hätte – hmm, weiß nicht. Wer weiß, was denen so eingefallen wäre. Für den Familienzusammenhalt wäre das vermutlich gar nicht gut gewesen...

Tanken Sie Kräfte – der nächste Pfingstmarkt kommt bestimmt!

SOMMER

Dorfsommer

Es ist Sommer! Auch wenn er vielleicht gerade, pünktlich zum Pfingstmarkt, eine kleine Verschnaufpause eingelegt hat, hat es die Sonne in diesem Jahr schon richtig gut mit uns gemeint (wenn man nicht gerade Landwirt ist). Egal, wie kurz oder lang, hart oder mild so ein Winter war, wenn er sich dem Ende nähert, gibt es kaum ein schöneres Gefühl als das Erahnen des Sommers: wenn einem ganz am Anfang des Frühlings ein bestimmter Duft ankündigt, dass von nun an wieder einmal die Säfte steigen, wenn das Blau des Himmels himmelblau wird, wenn man glaubt, dass man nun bald die Winterjacken in die Reinigung bringen kann (was sich wie in jedem Jahr als Trugschluss herausstellen wird), wenn schwülwarme Erinnerungen wach werden, kurz, wenn, um mit dem Liedermacher zu sprechen, der Sommer nicht mehr weit ist...

Erste sichere Anzeichen dafür, dass der Sommer nun wirklich da ist, ist das Rattern der Rasenmäher, das von einem Tag zum anderen die Geräuschkulisse bestimmt, mal von rechts, mal von links, mal auf dem eigenen Grundstück, und jeden Tag schön abwechselnd, sodass man gar nicht erst vergessen kann, dass es nun überall grünt und sprießt. Geranien beginnen die Balkongeländer zu bevölkern, Blumenkübel ordnen sich zu einem Geschicklichkeitsparcours im Hof, und der Garten wird akribisch mit Salat- und Erdbeerpflänzchen, Steckkartoffeln und Erbsensamen bestückt. Der Duft von Gegrilltem lockt selbst den größten Stubenhocker aus seinem Loch hervor, die Kleidung wird endlich luftiger, und der Tristesse der Wintermonate setzen die regionalen Highlights wie Himmelfahrtsvergnügen des SV Altenburg, Kirmes oder Kindergartenfest endlich ein Ende. Und während wir Frauen uns verzweifelt fragen, was wir im letzten Sommer bloß anhatten – da wir doch dieses Jahr erst mal überhaupt nichts Sommerliches im Schrank finden -, packen die Männer auf dem Lande endlich wieder ihre geliebten Doppelripps aus oder sitzen gleich mit stolzgeschwelltem Open-Air-Bierbauch in ihren Plastikstühlen am Rand der Ortsdurchfahrten und genießen die Sonne. Keiner von ihnen muss sich alljährlich angesichts des Winterfells unter den Armen, an den Beinen und, ja, auch im Umfeld der Bikinizone der Entscheidung stellen: Epilieren (autsch!), Wachsen (na ja...) oder Rasieren (andauernd diese Stoppeln!). Auch hat man keinen von ihnen bisher vor dem Regal der hiesigen Drogerien auf der Suche nach dem perfekten Selbstbräuner für die winterblassen Haxen stehen sehen. Ach, Mann müsste man sein! Dann würden einem die ganzen nicht stattgefundenen Frühlingsdiäten kein so schlechtes Gewissen machen, dann würde man einfach stehen zu seinen schwarzbesockten, lockig behaarten Käsebeinen und zu seinem Sixpack im Speckmantel, der durch reichlich Grillwurst, Steak und Bier gehegt und gepflegt wird.

Gibt es eigentlich etwas Schöneres als das erste Grillen nach einem langen Winter? Wenn die Auslagen in den Metzgereien ihre marinierten Frühlingsboten aller Art präsentieren und die kluge Hausfrau anfängt, stets einen kleinen Vorrat an Grillsoßen, Mozarella, Schafskäse und – zumindest bis EHEC – Tomaten und Salatgurken bereitzuhalten, wenn die Männer – die das ganze Grünzeug ohnehin noch nie gebraucht haben - zu Chefkochs am Grill mutieren, die Grillzange in der einen, die gut gekühlte Bierflasche in der anderen Hand (It's a man's world!), dann sehnt man sich jedem schönen Wochenende entgegen, an dem in wechselnder Besetzung gegrillt und bis in die Abendstunden draußen gesessen wird. Sicher ist aber auch, dass man ab August keine Einladung mehr zum Grillen annehmen will, weil einem die ewigen Steaks, Würstchen und Nudelsalate so langsam zum Hals heraus hängen. Auch das morgendliche Heraus- und abendliche Wegräumen der ganzen Spielsachen, der Stuhlkissen und des sonstigen Hausrates fängt langsam an zu nerven. Die im Mai für teures Geld erworbenen Balkonpflanzen werden nur noch nachlässig versorgt, schließlich sind es dann grade mal noch vier Wochen, bis sie auf dem Kompost landen – meine zumindest, denn egal, wie mehrjährig die Pflanzen sind, die ich kaufe, bei mir auf dem Balkon sind sie alle plötzlich nur noch einjährig!

Doch bis der Sommer, der ja meteorologisch gesehen gerade erst anfängt, vorbei ist, haben wir alle noch viel Spaß beim Grillen und Draußensein!

Rasenmäher

Die Wochenend-Kolumne, heute mit einem Spezial für Männer. Also, es war Sommer und unser Rasenmäher ging kaputt! Kaum, dass er volljährig geworden war (und somit länger bei uns wohnte als ich), gab er den Geist auf, besser gesagt, wurde sein Geist aufgegeben in Form eines hinterhältigen Steins, der so unglücklich traf, dass das ganze Gehäuse riss. Und das, wo wir doch bekanntlich regelmäßig unseren Mähpflichten nachkommen müssen, um den nachbarschaftlichen Geräuschpegel aufrecht zu erhalten - wir erinnern uns! Horrorszenarien entfalteten sich: „Ich fürchte, dass mir bei nächster Gelegenheit der Motor um die Ohren fliegt", sagte mein Mann. (Er hat zwar eine Lebensversicherung, aber das wollte ich dann doch nicht.) Übersetzt für uns Frauen heißt das: „Ein neuer Rasenmäher muss herbei!"

In mir kamen Erinnerungen hoch an die Anschaffungen unseres Flachbildfernsehers oder der Stereoanlage. Lange, quälende Phasen der Entscheidungsfindung waren diesen vorausgegangen: Intensive Recherchen bei den Händlern vor Ort, Erfahrungsberichte auf allen möglichen Internetforen, Stunden am Laptop, Downloads der letzten Testberichte von Stiftung Warentest, nicht zu vergessen der im Fall des Rasenmähers unverzichtbare virtuelle Nachbarschaftstest (!) und viele, viele lange Gespräche mit potenziellen Fachleuten aus dem Bekanntenkreis. Insgeheim dachte man wohl schon manches Mal an die Gründung einer Selbsthilfegruppe – ich auch, aber an eine andere als mein Mann. Ja, er macht es sich nicht leicht, und kleine Unmutsbekundungen meinerseits verwischt er mit einer noch kleineren Bemerkung zum Kauf meiner Kamera: Wenn ich nämlich so weit bin, dass ich für irgendetwas viel Geld ausgebe, dann mache ich es spontan und schnell. So habe ich damals mein erstes und einziges Auto gekauft und so kam es, dass ich mir – spontan und schnell - eine digitale Spiegelreflexkamera anschaffte und mich wunderte, als für das viele Geld nur ein völlig funktionsuntüchtiges Gehäuse geliefert wurde. Ja, ja, ich weiß (jetzt), die Objektive gehen extra... Gingen sie dann auch, kleine Nachbestellung, kleine neue Rechnung und gut! Könnte meinem Mann nie passieren, so was!

Irgendwann war der Entscheidungsprozess so weit fortgeschritten, dass ich mir die entsprechende Webseite anschauen durfte. Unsinnigerweise setzt mein Mann, nachdem er sich intensiv mit der Materie beschäftigt hat und ohnehin über eine bessere Ausgangsposition verfügt als ich, dann voraus, dass ich eine technische Meinung habe. Habe ich aber nicht. Im Rasenmäherfall glaubte er tatsächlich, ich könne ihm etwas dazu sagen, ob die Sackgröße ein ernstzunehmendes Kaufkriterium ist oder eher der Hydrostat oder der Smart Drive. Oder sollte es gar das Versamow-Mähsystem sein? Keine Ahnung – ich hab' sowieso noch nie gemäht und habe es auch nicht vor. Umso mehr stockte mir der Atem, als ich auf der Webseite sah, was ich sah: Lauter fein gemachte, gut aussehende Frauen, die mit strahlenden Augen den Rasen mähten. Also, ehrlich, Emanzipation ist ja schön und gut, aber muss man eigentlich alles mitmachen?

Letzten Endes wurden wir stolze Besitzer eines 1A-Rasenmähers, der mäht und mulcht und einen großen Sack hat, den er gar nicht wirklich braucht. Dafür legt er beim Mähen ein sportliches Tempo vor, und natürlich ist unser Rasen, unnötig zu sagen, schon nach einmaligem Mähen viel grüner und viel schöner als je zuvor! Und das Schönste: es macht – erwartungsgemäß – so viel Spaß, dass auch mein Mann auf zu viel Emanzipation in Form von weiblicher Hilfe beim Mähen keinen gesteigerten Wert legt – viel wichtiger wäre es ihm, das Gras würde nun etwas schneller wachsen, aber ich denke, dass sich das im Lauf des Sommers noch legt.

Mückenstiche

ßßßßßßßßßßßßßßßßßßßß – kennen Sie ihn auch, den fiesen Soundtrack heimischer Sommernächte? Kein sinnlich-verheißungsvolles stimmhaftes sssssssssssss, nein, ein aggressives, hinterhältiges, stimmloses Surren, das an den Sommerabenden einsetzt, sobald man sich hinsetzt, ein Gläschen Wein vor sich stellt und in den Chill-Modus übergeht. Ja, ich weiß, die Mücken wollen auch nur leben, aber das müssten sie doch nicht alle bei uns – auf dem Balkon, im Wohnzimmer und, am allerschlimmsten, im Schlafzimmer. Ich weiß nicht, auf welches geheime Kommando hin sich die ganze Mückensippe jeden Abend pünktlich und mit heimtückischem Vorsatz in unserem Schlafzimmer trifft, und sich – zumindest in meiner Fantasie – die für ihre Größe riesigen weißen Servietten um die Mückenhälse bindet, die Messer wetzt und wartet, bis sich ihr Essen in Gestalt meiner Person auf den Präsentierteller legt.

Während ich bis zum Einschlafen immer halbherziger und kraftloser Verscheuchbewegungen mache, geht mein Mitbewohner regelmäßig auf Mückenjagd, was in etwa genauso lästig ist wie der Landeanflug seiner Opfer. Denn natürlich turnt man dazu auf den Betten herum, um die Viecher an der Zimmerdecke zu erwischen, und die halsbrecherischen Aktionen am geöffneten Fenster kann ich nur mit Blick auf die Unfallversicherungspolice überhaupt ertragen. Die Mücken, die dem schrecklichen Jäger nicht zum Opfer fallen, scheinen sich zu freuen, dass sie ihr karges Mahl mit weniger Konkurrenten teilen müssen, denn egal, wie erfolgreich die abendliche Jagd war, am nächsten Morgen sieht es auf mir aus wie nach einer Mückenorgie. Und da man die lieben Kleinen in vollgefressenem, fast bewegungsunfähigem Zustand viel besser erschlagen kann als abends, werden die Dümmsten von ihnen, die, die es nach der sinnlosen Völlerei nicht mehr in irgendeine schlecht einsehbare Ecke geschafft haben, dann morgens erledigt. Zahllose Blutflecken – mein Blut wohlgemerkt! - auf Kissen und Wänden zeugen von diesem Massaker, dessen dezimierende Wirkung sich abends schon wieder auf wundersame Weise verflüchtigt hat. In diesem

Sommer bevorzugen sie die Beine – da ist zwar Platz, aber ich finde es trotzdem blöd. Wenn man nämlich, nur mal angenommen, Beine hat, die selbst unter der wohlwollendsten Berücksichtigung aller Toleranzen noch nie die magische Schwelle von Funktion zu Ästhetik überschritten haben und dies mit den Jahren auch immer unwahrscheinlicher wird, wenn man beim ersten Sonnenstrahl im März anfängt zu peelen, zu enthaaren, zu cremen und mit Bräunungslotions zu experimentieren, dann ist es wirklich ungerecht, die auf diese Weise im Rahmen ihrer Möglichkeiten maximal optimierten unteren Extremitäten so böse mit roten Pickeln verschiedener Größe und Farbintensität verschandelt zu bekommen. Zumal mit der ersten Sommersonne auch die vielen Sommerröcke aus den hinteren Ecken des Kleiderschranks hervorbrechen und angesichts der zu erwartenden beschränkten Anzahl an Sonnentagen kein Warten auf bessere, mückenfreie und mückenstichfreie Zeiten möglich ist. Es scheint nichts, aber auch gar nichts gegen die Biester zu helfen, die sich gefühlt wahrscheinlich gar nicht alle bei uns, sondern bei Ihnen aufhalten. Noch dazu ist es diesem Sommer wieder viel schlimmer als im Jahr davor!

Während sich in unserem Haushalt die Jagdtechnik mit Hilfe der Staubsaugerdüse dem Profibereich nähert, bin ich stets versucht, es mit meiner Schwägerin zu halten. Sie würde sich splitternackt mit ausgestreckten Armen und Beinen auf die Bettdecke legen und sich von oben bis unten verstechen lassen, wenn es nur geräuschlos stattfinden würde. Leider scheitert dieser Plan an einer geeigneten Kommunikationsmöglichkeit – wie so vieles im Leben. Und so bleibt uns das fiese Summen der kleinen hungrigen Stechmücken als Soundtrack unserer hiesigen Sommernächte erhalten. Gehört wohl irgendwie dazu...

Genießen wir sie trotzdem, die Sommernächte!

Stunde der Wahrheit

Es war Schwimmbadwetter! Und zwar so plötzlich und penetrant, dass selbst größte Schwimmbadmuffel sich den Aufforderungen ihrer Kinder, doch endlich ins kühle Nass zu springen, nicht mehr entziehen konnten. Und das, obwohl das hastig gekaufte „self tanning gel" (ehemals Selbstbräuner) seine volle Wirkung auf dem käsigen Body noch längst nicht entfalten konnte und man es leider wieder versäumt hat, rechtzeitig oder überhaupt mit der Bild-der-Frau-Bikini-Diät anzufangen, ganz zu schweigen vom Muskelaufbautraining, das im Winter so unnötig erscheint...

Und so bringt die liebe Sonne nicht nur jede Menge Spaß und gute Laune, nein, unerbittlich bringt sie auch an den Tag, was noch kurz zuvor sorgsam unter Jeans und Shape Wear (ehemals Mieder), unter breiten Gürteln und Hüftschmeichlern oder unter weiten Blusen erfolgreich verborgen wurde. Will sagen: ein Schwimmbadbesuch ist für viele von uns Ottilie Normalbürgerinnen – und wenn man ehrlich ist, auch für die verehrten Otto Normalverbraucher – mit jeder Menge Mut zu den eigenen körperlichen Defiziten verbunden. Aber, was soll ich sagen: es lohnt sich! Nicht nur wegen der Erfrischung, sondern auch wegen der sichtbaren Relevanz der Relativitätstheorie, denn irgendwann stellt man – mit ein bisschen gutem Willen - fest: Soooo schlimm ist es nun auch wieder nicht! Natürlich sieht man jede Menge gut gebaute Bodys – weiblicher- und männlicherseits. Körper, die nur darauf gewartet haben, mit den ersten Sonnenstrahlen gut gebräunt und auch sonst gut gestählt die Spielwiese und den Lounge-Bereich des Alsfelder Schwimmbades zu erobern und dort bewundert zu werden. Das haben sie auch echt verdient! Aber man sieht auch ganz viele Durchschnittstypen, Leute mit Dellen in den Oberschenkeln, Haarwuchs an merkwürdigen Stellen, mehr Bauch als man jemals vermutet hätte – alles Dinge, die dazu angetan sind, einem diese Menschen sympathisch zu machen, weil sie einen selbst in ein etwas besseres Licht rücken, wobei es sicher von Vorteil ist, dass man sich selbst zumindest vor Ort nicht frontal und von allen Seiten sieht.

Auch sonst bietet ein Besuch im Schwimmbad die eine oder andere Erkenntnis: so gibt es offenbar kaum noch einen Menschen unter, sagen wir vierzig, der nicht tätowiert ist. Da sieht man Wildkatzen, die den Anschein erwecken, als wollten sie in die gepiercte Brustwarze beißen, Girlanden vom Knöchel bis zum Knie, jede Menge Namen und Liebesschwüre in großen, verschnörkelten Buchstaben und, ja, auch das eine oder andere Arschgeweih traut sich ans sommerliche Licht. Vermutlich die letzten ihrer Art, wie man angesichts des längst vergangenen Hypes vermuten muss. Ganz besonders gut dran sind im Schwimmbad diejenigen Tätowierten mit richtig viel Text und Bildern auf ihren durchschnittlich 1,8 qm Haut: Die müssen sich gar nichts mehr zu lesen mitbringen und bieten auch ihrem Gegenüber genügend Ablenkung, indem sie zwischen die einzelnen Muster und Abbildungen beispielsweise noch eine kleine Suchmaus reinmalen. Und wenn es den Kindern mal langweilig wird, drückt man ihnen einfach ein paar Eddings in die Hand: damit können sie den Papa dann ganz gemütlich ausmalen – hier bitte auf wasserfeste Stifte achten – und müssen in den Schwimmpausen nicht ständig nach Eis und Pommes quengeln.

Obwohl Eis und Pommes natürlich genauso zum Schwimmbadbesuch gehören wie die erste eiskalte Dusche vorm Betreten des Bades. Und wenn man ohnehin keine Bikini-Diät gemacht hat, dann kann man sich ja auch nichts versauen, was angesichts des Pommes-Duftes über dem Gelände ein echter Vorteil ist. Und außerdem gibt es ja noch „Top Shaping Bademode" – die drückt ganz toll den Bauch rein, leider aber hören ihre magischen Kräfte an den Oberschenkeln auf und geben den Blick auf die eine oder andere Kraterlandschaft frei. Gut, dass spätestens auf der übernächsten Decke ein passendes Gegenstück liegt! Die Sonne ist also doch noch gnädig!

Ein Hoch auf die Sommersonne, die Pool-Pommes und die Relativitätstheorie im Schwimmbad!

Vor-Ferien-Marathon

Puh!!! Haben wir es etwa geschafft? Sind tatsächlich endlich Ferien? Kaum zu glauben, aber wahr: die letzten vier Wochen bis zu den Sommerferien sind schlimmer als die Weihnachtszeit! Sollte es unter meinen Leserinnen und Lesern Menschen geben, die keine Kinder oder Enkelkinder haben, die nicht als Lehrer arbeiten oder irgendwie mit Schule oder Kindergarten zu tun haben, oder die nicht in einem Verein oder etwas ähnlichem tätig sind, werden diese zwei vielleicht nicht ganz verstehen, worum es geht - alle anderen wissen, was ich meine: den Wahnsinn vor den Sommerferien.

Mitte Juni fängt es meistens mit diversen Abschlussveranstaltungen an: Abschied vom Kindergarten (gerne mit Übernachtung, Elternbasteln und Mütterfrühstück), Abschied von der Grundschule (gerne mit Zelten und Grillen), allgemeine Klassenfeier (auch gerne mit Zelten und Grillen). Dann flattern die ersten Flyer von Vereinen und Schulen ins Haus. „Zu unserem jährlichen Sommerfest …. gerne mit einem Kuchen oder einem Salat für die Allgemeinheit …. natürlich nicht mit Mayonnaise und Schlagsahne …. Dienst an der Verkaufstheke sehr wünschenswert …. suchen wir noch Mamas und Papas, die beim Auf- und Abbau helfen wollen…." Klar, machen wir doch gerne, wenn da nicht die Wochenenden vor den Ferien langsam ein wenig knapp würden. Macht ja nichts, die Werktage haben auch schöne Abende: Schulkonzert, Vorführung der Musikschule, Sommerturnier des Sport- oder Schwimmvereins, Theateraufführungen von der Grundschule bis zum Gymnasium – nichts, was man nicht noch in den wohlproportionierten Wochen vor den Ferien unterbringen könnte! Wann auch sonst? Und eigentlich ist ja auch alles sehr, sehr löblich! Wirklich! Nur vielleicht ein ganz klitzekleines bisschen zu viel?!

Wenn man jetzt, mal nur angenommen, drei Kinder in drei verschiedenen Einrichtungen und drei verschiedenen Vereinen hat, darunter vielleicht sogar einen Schulabgänger, dessen Feierlichkeiten Ausmaße von mehreren Tagen einnehmen, dann muss man als Eltern seinen Jahresurlaub eigentlich schon vor den Ferien nehmen. Geht aber nicht, denn so viel ist es dann ja auch wieder nicht. Also tut man, was man kann, backt und macht Salate (ohne Sahne und Mayo) was das Zeug hält, teilt sich auf („Du zur Schule, ich zum Musikvorspiel, Oma und Opa in den Kindergarten") und schafft es irgendwie auch noch, ein paar private Feiern, die alle noch vor den Ferien stattfinden müssen („In den Ferien kann ja immer keiner") mitzunehmen, um schließlich am Ferienbeginn alle Viere von sich zu strecken und festzustellen, dass zwei Kuchenteller, vier Salatbestecke und die neue, tolle Grillzange auch in diesem Jahr wieder irgendwo zwischen Schule, Kindergarten und Vereinsheim auf der Strecke geblieben sind. Ja, und der Urlaub? Der fängt natürlich auch noch nicht an. Schließlich ist nicht für alle Menschen sechs Wochen „unterrichtsfreie Zeit", und so endet mit Ferienbeginn zwar ganz abrupt der Festmarathon, er wird aber direkt abgelöst vom Betreuungskampf. Macht ja nichts, wir sind ja in Übung!

Und dann sollten wir wenigstens, wenigstens, wunderschöne Sommerferien mit viel Zeit für hochgelegte Beine und durchgelesene Bücher haben!

Kofferpacken

„Ich packe meinen Koffer und nehme mit: eine Hose." – „Ich packe meinen Koffer und nehme mit: eine Hose und ein Paar Schuhe." – „Ich packe meinen Koffer und nehme mit: eine Hose und ein Paar Schuhe und eine Bluse." Erinnern Sie sich noch an das schöne Spiel aus Kindertagen, an denen uns Kofferpacken noch so einfach vorkam und wir offensichtlich glaubten, wir kämen mit einer Hose, einer Bluse und einem Paar Schuhe über die Runden? Wie naiv kann man eigentlich sein? Natürlich braucht man viel mehr. Viel, viel mehr: etwas für heiße Tage, für warme Tage, für kühlere Tage, für kalte Tage und für Regentage. Badesachen, Ausgehsachen, Lieblingssachen und selbstverständlich zu jedem Look die passende Jacke, das passende Tuch, die passenden Schuhe und den richtigen Schmuck. Und Ersatz. Da sind die ersten drei Koffer schneller voll als man gucken kann!

Und das ist ja noch lange nicht alles, was man im Urlaub braucht: Was zum Lesen, was zum Schreiben, den Laptop, Filme, Reiseführer, das Adressbuch, den Kalender und einen Stick mit allen wichtigen Dateien, die einem die Möglichkeit eröffnen, im Urlaub endlich das lang geplante Buch anzufangen und vielleicht sogar zu beenden. Denn dafür wird endlich Zeit sein! Genauso wie für die letzten zehn ungelesenen Ausgaben meiner Philosophiezeitschrift „hohe luft", die ich deshalb auf jeden Fall mal einpacke, und für mindestens fünf ausgesuchte Bücher, die in meinem gutbestückten Bücherregal schon lange auf ein bisschen Beachtung hoffen, darunter „Blitzschnell entspannt" und „Muße. Vom Glück des Nichtstuns".

Und natürlich ist jetzt auch Zeit für ein wenig mehr Kreativität praktischer Natur. Daher packe ich auch Wolle und Nadel ein, die ich mir letzten Sommer samt Anleitung besorgt habe, und dazu noch elastisches Band, Häkelnadel und Perlen, um endlich meine vielversprechende, in der fünften Klasse leider aus Zeitmangel aufgegebene Karriere als Schmuckdesignerin wieder aufzunehmen. Fachliteratur mit den neuesten Trends gehört natürlich genauso in die Kreativitätskiste wie drei FLOW-

Zeitschriften mit jeder Menge Anregungen für jede Menge freie Zeit. Endlich!

Ganz sicher bietet sich im Urlaub endlich auch die Möglichkeit zu SPA und Wellness: das nach einer ausgedehnten Maniküre euphorisch angeschaffte Händepeeling kommt deshalb genauso ins Gepäck wie einige hochwirksame Masken und Ampullen, duftende Bodybutter und verschiedene Nagellacke – allesamt Kandidaten, die zu Hause schon viel zu lange in den Badezimmerschubladen ihrem Verfallsdatum entgegendämmern. Mit diesen Sachen werde ich stundenlang das Bad des Ferienhauses blockieren und hernach mit strahlendem Teint vor meine Mitreisenden treten!

Zum Schluss stellt sich die nicht unbedeutende Frage, was man an Lebensmitteln und Spirituosen aus der Heimat mit in die Ferne nehmen sollte. Ob man wohl davon ausgehen kann, dass die deutschen Ostgebiete 25 Jahre nach der Wende konsumtechnisch schon voll erschlossen sind? Die Basics für den morgendlichen Obstsalat und das frisch geraspelte Bircher Müsli, für das ich mir im Urlaub natürlich jeden Morgen ausgiebig Zeit nehmen werde, importiere ich lieber in einer kleinen Lebensmittelbox zusammen mit ein wenig spanischem Rotwein – man weiß ja nie, was einen erwartet, wenn man sich in fremde Kulturkreise begibt!

Wie lange ich wegzubleiben gedenke, fragen Sie? Zehn Tage, warum? Und ob ich alleine fahre? I wo, alle meine Mitbewohner kommen mit! Aber wo sollen eigentlich die zwei Koffer meiner vier Mitreisenden in unserem Kombi noch hin? Ich glaube, die müssen noch mal umpacken...

Urlaub ist reine Nervensache – viel Spaß dabei!

Lob der Faulheit

Endlich! Ferien! Die große Zeit der Spätaufsteher hat begonnen! Für die besonders Glücklichen hat der Sommer sechs freie Wochen im Gepäck, für Nichtschüler und Normalsterbliche etwas weniger. Aber immerhin. So weit die gute Nachricht. Die schlechte: „Müßiggang ist aller Laster Anfang." Mühelos reiht sich dieses schöne deutsche Sprichwort ein in so nette Kollegen wie „Arbeit hat Gulden, Müßiggang hat Schulden." Dabei ist die Abneigung des Müßiggangs keineswegs ein deutsches Phänomen: In der Schweiz weiß man beispielsweise „Die Faulheit und das Lüderli, das sind zwei Zwillingsbrüderli" und in Dänemark sagt man ganz handfest: „Für faule Schweine ist die Erde immer gefroren."

Kein Wunder, dass unsereins sich in den Ferien fern von jeglichem Müßiggang bewegt und sich zwischen Rotwein und gebratenen Garnelen am holländischen Pool bemüßigt sieht, seine Kolumne pünktlich abzugeben, um damit unter Beweis zu stellen, dass einem die so bedeutende Tugend des Müßiggangs völlig abhandengekommen ist!

Ja, Sie haben richtig gelesen: TUGEND! Wer auch immer im Mittelalter die Faulheit zur Todsünde erklärt hat, wusste nicht, dass es nicht die Frühaufsteher sind, die den Fortschritt bringen, sondern die Faulen, weil die nämlich ständig nach einfacheren Wegen suchen, etwas zu tun. Da kämpft man sich nun Morgen für Morgen um sechs aus dem Bett – sogar in den Ferien –, nur um bei der Morgentoilette in einer der vielen Lektüren zu lesen, dass man damit vielleicht seiner Familie und seinem Chef dient, nicht aber dem wahren, großen Fortkommen der Menschheit!

Schlimmer noch: Die besten Ideen kommen den Menschen beim Nichtstun, auf Neudeutsch beim "Default Mode Network", dem Leerlaufmodus des Gehirns. Im Leerlauf nämlich sucht sich unser Hirn selbst eine Beschäftigung. Statt über das nächste Meeting, den bevorstehenden Elternabend oder den Kochzettel der nächsten Woche nachzudenken, spielt es mit den Gedanken, stellt Altbekanntes auf den Kopf, setzt Dinge neu zusammen und bringt Lösungen für Probleme, die einen vielleicht schon lange quälen oder die man noch gar nicht hatte.

Wem es also ein schlechtes Gewissen bereitet, nichts zu tun, der sollte sich einfach mal die Bedeutung seines Nichtstuns für den Fortschritt der Welt klarmachen. Und wer dazu Anleitung braucht, wie man speziell im Urlaub, aber auch in den restlichen Monaten des Jahres, der Zeit beim Vergehen hilft, der kann beispielsweise fallende Blätter fangen, dem Tee beim Ziehen zusehen oder genüsslich auf einem Grashalm kauen. Alles Tipps aus meinem derzeitigen Lieblingsbuch „Das Buch der hundert Vergnügungen". Sehr empfehlenswert zum Thema sind auch „Die Anleitung zum Müßiggang" (nicht, dass ich schon Zeit gehabt hätte, es zu lesen) oder „Die Entdeckung der Faulheit" (dito). Ein bisschen ist das bei mir so wie bei dem Philosophen, der wie ein Hinweisschild den Weg zeigt, aber nicht mitgeht. Faulheit fällt mir schwer. Ich arbeite daran. Und das sollten Sie auch tun!

Schließlich berichtete schon der Arzt Paul Lafargue im Jahr 1880 vom „Recht des Menschen auf Faulheit", Goethe fand gar „die Ruhe der Seele ein herrliches Ding", der Nobelpreisträger Anatole France verkündete „Die Arbeit ist etwas Unnatürliches, die Faulheit allein ist göttlich", und die Sizilianer beruhigen uns mit der Erkenntnis: „Wer nicht richtig faulenzen kann, der kann auch nicht richtig arbeiten."

Stürzen wir uns ins Dolcefarniente! Lassen Sie uns immer mal wieder alles, was wir tun könnten, nicht tun! Hindern Sie mich an der Arbeit, wo immer Sie mich sehen (die erste Gelegenheit dazu hätten Sie übrigens heute Abend auf dem Stadtfest), lassen Sie Ihre Seele baumeln und schildkröteln (danke, für das schöne Wort, lieber Gerhard Polt) Sie die nächsten Wochen hemmungslos herum. Sie werden damit die Welt retten! Und wenn nicht gleich die Welt, dann zumindest Ihre gute Laune!

HERBST

Wer jetzt kein Haus hat...

Brrrr – jetzt ist es aber mit Macht mal so richtig kalt und eklig geworden, oder? Nasskalt und grau, der ganze schöne goldene Oktober dahin, und fast hätte man schon meinen können, dass in diesem Jahr der Winter direkt auf den Sommer folgt. Sommer? Welcher Sommer, höre ich den einen oder anderen schon fragen und ins gewohnte Jammern über den völlig indiskutablen Sommer verfallen, und was soll ich sagen? Natürlich ist der Sommer immer zu kurz, natürlich kommt er viel zu spät in die Gänge. Obendrein hört er auch immer so fürchterlich schnell auf! In unseren Breiten wissen wir ja, dass der nächste Winter unweigerlich bevorsteht - böse Zungen behaupten sogar, er sei die einzige Jahreszeit, die wir im Vogelsberg überhaupt haben. Vielleicht verspüren wir darum bei jeder kleinen Sonnenpause die Angst, das könne schon der Herbst sein, und spätestens, wenn im September die ersten kalten Morgen dämmern, mit Raureif und dem typischen Duft des Herbstes, dann werden wir ganz wehmütig. Zeit, dem Sommer mal eine Lanze zu brechen, finde ich, denn tatsächlich hatten wir auch in diesem Jahr wieder einen solchen, und sogar einen, der gar nicht so schlecht war, wenn man mal dem Umstand Rechnung trägt, wo wir uns befinden: nämlich im rauen Vogelsberg, im kalten Deutschland und definitiv eher auf der nördlichen Erdhalbkugel. „Wir erlebten alles in allem einen sehr normalen Sommer mit wechselhaften Abschnitten, die in Deutschland einfach dazu gehören", findet auch hr-Meteorologe Ingo Bertram. „Unnormal waren lediglich die extrem hohen Temperaturen am 19. und 20. August." Nach Berechnungen des Deutschen Wetterdienstes war der Sommer insgesamt gesehen sogar ein wenig zu warm. Wer hätte das gedacht?

Ich kann mich in diesem Sommer zwar an einen völlig, aber so was von verregneten Zelturlaub meiner Kinder in Brandenburg erinnern, dass es mich nachträglich schaudert. Aber ich kann mich auch an ein anhaltendes Schönwetterhoch pünktlich zum Pfingstmarkt erinnern und ziemlich viele Schwimmbadbesuche, an wunderschöne Grillveranstaltungen, an lange weinselige Abende bei meiner Freundin an der Schwalm oder in Leipziger Straßencafés, an einen Septemberanfang, der den diesjährigen Juni vor Neid hat erblassen lassen, und an einen 19. August, an dem wir Gäste hatten, unter anderem meine 93-jährige Oma, die ich alle abwechselnd mit frischem Quellwasser aus der Dose besprüht habe. Und alle, selbst mein Bruder, haben es sich gefallen lassen! Es war soooo heiß, dass wir kurz vor dem Ausnahmezustand standen, daran will ich nur mal erinnern, wenn wir jetzt so im Trüben und Kalten sitzen und das seit gefühlten fünf Jahren am Stück. Aber so ist es gar nicht, im Gegenteil: Ich finde, wir sollten uns freuen, dass es nun endlich Herbst und Winter wird. Endlich kann man sich wieder guten Gewissens abends auf die Couch legen, mit einer warmen Decke, etwas zu lesen und vielleicht auch schon mal einem schönen Glühwein oder einer heißen Schokolade.

Meine geliebten Erlen waren bis vor kurzem ein buntes Farbenmeer, durch das sich auch jetzt noch manchmal die Sonne bricht, und so langsam wird aus den Blättern ein schöner weicher Winterteppich, der die Wege warm zudeckt. Und es schadet auch nicht, wenn einem statt brütender Wärme einmal ein klares, klirrendes Lüftchen um den Kopf weht. Selten, finde ich, fühlt man sich so frisch wie im Herbst und Winter! Wenn mal dann einmal davon absieht, dass die beiden Jahreszeiten wieder den alljährlichen Kampf mit Mützen, Schals und Handschuhen, Eiskratzern und plötzlichem Schneefall mit sich bringen, ist es also doch eigentlich ganz schön, oder? Und außerdem würden wir uns über den Sommer gar nicht so freuen, wenn wir ihn immer hätten. Wie sagt meine Oma immer so weise: „Willst du was gelten, komme selten!"

Jetzt kommen warme, weiche kuschelig-kalte Herbsttage!

Saisonware

Am 27. August habe ich in Alsfeld vor dem Schaufenster eines Geschäftes ein Foto gemacht: auf der Glasscheibe klebte eine stimmungsvolle Aufnahme von einem Weihnachtsmarkt mit dem Hinweis, dass man in diesem Geschäft nun schon die ersten Weihnachtssachen kaufen könne. War ich beruhigt, dass auch in diesem Jahr die Weihnachtszufuhr wieder gesichert sein würde oder war ich schockiert? Ich will mich jetzt nicht auf den Tag festlegen, aber rund um dieses Datum herrschten noch teilweise über 30°C, der Sommer war noch in vollem Gang und nicht einmal die Supermärkte hatten schon die Lebkuchen hervorgeholt, die vermutlich aber schon längst ungeduldig in ihren Lägern standen. Doch die längste Zeit hatte es gedauert. Wir alle wissen, dass es spätestens im September mit der Contenance der Marktleiter vorbei ist, und dass – merkwürdigerweise noch bevor die unvermeidlichen Oktoberfest-Accessoires hervorgeholt werden – die Pfeffernüsse, Marzipankartoffeln, Adventskalender und Nikoläuse ihren angestammten Platz vom Vorjahr einnehmen, auf den sie nur ungern und auch nur wenige Monate im Jahr verzichten wollen – eigentlich räumen sie ihn im Januar nur kurz, um vorübergehend den Osterhasen Platz zu machen.

„Saisonartikel – bitte bevorraten Sie sich" - damit wird den hamsterkaufanfälligen Kunden suggeriert, dass, sollte man nicht bereits im September zuschlagen, man Gefahr läuft, an Weihnachten ohne alles da zu stehen. OHNE ALLES! (Hier käme jetzt, wenn wir Ton hätten, die Horror-Film-Ton-App meines Sohnes zum Tragen, die die schreckliche Vorstellung eindrucksvoll unterstreichen würde.) Und obwohl ich Lebkuchen mag und Baumkuchen auch und Nougat auch, habe ich es bisher immer noch geschafft, dem Kauftrieb bis Ende Oktober standzuhalten. Ab da geht jetzt nun aber gar nichts mehr: Allüberall grüßen Elche, Engel, Nikoläuse, Geschenktüten, Tannenbäume, es funkelt silbern, gülden und rot und jeden zweiten Tag bringt der Postbote irgendein Weihnachtsspecial der großen und kleinen Geschenkanbieter ins Haus. Wird aber auch Zeit – schließlich will man ja in Ruhe Geschenke aussuchen, da sollte man jetzt aber schon mal anfangen. Nicht dass kurz vor Weihnachten dann die besten Sachen weg sind. Auch die Fernsehwerbung schwenkt

Anfang Oktober bedenkenlos auf eine neue Zielgruppe um: Mädchen sollen – wie Generationen vor ihnen – mit dem Wunsch nach hippen rosa Barbie-Möbeln und herzallerliebsten Aufzieh-Plüsch-Tieren bis zum Weihnachtsfest nerven, Jungs sollen sich, wenn es den Werbespots nachgeht, wieder jede Mengen Plastik-Monster und Konsolen-Spiele wünschen.

Ich weiß ja nicht, wie es Ihnen geht – mit hat dieser ganze frühe Hype noch nie geholfen, stressfrei und pünktlich ins Weihnachtsfest zu starten. Denn obwohl man schon im September unausweichlich auf das große Konsumereignis zusteuert, denke ich immer, ach, ist ja noch Zeit. (Eine Haltung, die sich auch jenseits von Weihnachten manifestiert. Nicht immer zu meinem Vorteil.) Außerdem sind vorher ja noch tausend andere Sachen. Und dann ist es plötzlich da, das große Fest: und wieder sind bis zum letzten Tag nicht alle Weihnachtskarten geschrieben, wieder nicht alle Geschenke besorgt. Dafür werden bis dahin aber bereits die ersten Schals und Mützen vermisst, aber es wird keine neuen mehr geben, denn ab Dezember heißt es in den Geschäften „wir kriegen ja jetzt schon die Frühlingsware". Apropos Frühlingsware: Vergangenen Dienstag erhielt ich eine Mail: „Portofrei – Unsere Frühjahrsneuheiten exklusiv für Sie" hieß es da. Wie bitte? Ja, genau. Angebot gültig bis 19.11. Na, dann will ich doch mal schnell sein – vielleicht finde ich ja schon mal ein schönes Ostergeschenk!

Und jetzt die gute Nachricht: Weihnachten kommt ganz von selbst!

WINTER

Ich suche, also bin ich!

„Ich denke, also bin ich" – auf diesen bedeutenden Punkt brachte ja seinerzeit der Philosoph René Descartes seine Existenz und hoffte damit wohl, die menschliche Existenz an sich zu erklären. Dass er damit – zumindest in der heutigen Zeit – nicht immer richtig liegt, sieht man manchmal in seinem nächsten Umfeld, in den Wartezimmern, auf Bahnfahrten und wenn nicht dort, dann doch zumindest auf RTL II oder 9 Live. Letztere kannte Descartes noch nicht – Glück für ihn!

Wenn ich mein Leben mit einem Tätigkeitswort beschreiben sollte, gibt es neben vielen anderen eines, das mir immer wieder in den Sinn kommt: „Ich suche, also bin ich." Jetzt im Winter suche ich morgens früh von drei Kindern die Mützen, Schals und Handschuhe. Schuhe und Jacken sind meistens vor Ort, aber die vielen winterlichen Accessoires, die auch gerne mal in Schulbussen, Klassenräumen oder Umkleidekabinen auf Nimmerwiedersehen verschwinden, stellen uns jeden Morgen vor neue, dramatische Herausforderungen. Hier sind ganz besonders die Handschuhe zu nennen, die oftmals beschließen, ihre auf ein ganzes Handschuhleben ausgerichtete Paargemeinschaft vorschnell zu beenden. Ob sie wohl unüberbrückbare Differenzen hatten, die sie dazu zwangen, ab sofort ganz alleine und somit nutzlos durchs Leben zu gehen und dieses einsam in der hintersten Ecke des Kleiderschrankes auf den anderen wartend zu fristen?

Sind alle Kinder aus dem Haus, suche ich die Hundeleine, deren Aufenthaltsort je nach letztem Ausführer variiert, meinen Haustürschlüssel, meine Brille, mein Portemonnaie. Ich weiß, das alles sollte einen festen Platz haben. Einer meiner männlichen Mitbewohner, der älteste von ihnen, ist ebenfalls dieser Meinung. Bei ihm funktioniert das auch weitgehend, sodass er sicher sein kann, dass er, wenn er etwas von seinen Sachen nicht findet, dieses auch nicht zuletzt in der Hand hatte. Ich bewundere ihn dafür zutiefst und ich frage mich umso intensiver, warum das bei mir nicht klappt. Denn eigentlich hat bei mir auch alles seinen festen Platz. Eigentlich. Nur bin ich da manchmal eben gerade nicht. Etwa wenn ich meine Uhr am Schreibtisch abziehe, weil sie mich beim

Tippen stört, meine Brille vorm geöffneten Backofen beschlägt und somit auf der Mikrowelle landet oder ich meinen Ring eben mal ausziehen muss, weil ich zufällig über eine Tube mit Handcreme gestolpert bin, die da, wo ich sie gerade gefunden habe, auch nicht hingehört. Kaum sind meine Kinder zurück, suche ich DS-Ladekabel, Ersatz-Tintenkiller, Handschuhe in Ranzen und Jackentaschen, CDs, die nicht den Weg in ihre Hüllen gefunden haben, und abends, wenn ein wenig Ruhe eingekehrt ist, suche ich die Fernbedienungen. Wir haben vier davon, und zwei bis drei braucht man mindestens, bis sich etwas tut. Sie liegen – einzeln - hinter Sofa-Kissen, auf der Ablage unter dem Sofatisch, unter der Decke, sind in die Deko eingearbeitet oder liegen – da, wo ich sie entweder gar nicht oder zuletzt suchen würde – an ihrem Platz! Am nächsten Morgen beginnt es von vorne, ein ewiger Kreislauf, der nur gelegentlich von der bedeutungsschweren Frage meines ältesten männlichen Mitbewohners „Wo haben wir denn..." unterbrochen wird, eine Frage, die ganz sicher in unvermeidlichem Zusammenhang mit dem Y-Chromosom steht. (Ich weiß, wovon ich spreche, ich habe drei Söhne!) Die meisten dieser Fragen provoziere ich jedoch bewusst, denn neben der Anschaffung von drei Kindern habe ich meinen Mann mit dem ständigen Umräumen der Schränke und Wegräumen seiner Sachen in eine weitere Abhängigkeit von mir getrieben, die meine vorzeitige Abschiebung in mein Rhöner Heimatdorf verhindern soll, und so konjugiere ich meinen anfänglichen Satz wie folgt: „Ich suche, also bin ich. Er sucht, also bleibe ich!"

Auf dass das langfristig funktionieren möge – auch wenn ich selbst dafür suchen muss!

Adventszeit

Jetzt geht's loooos! Selbst Menschen, die – wie gewisse Ehemänner – einkaufstechnisch in so glücklichen Umständen leben, dass sie nicht bereits seit Ende August die Weihnachtsplätzchen in den Regalen der Supermärkte stehen sehen mussten, können es jetzt nicht mehr ignorieren: Weihnachten kommt mit Macht! Mit aller Macht! An diesem Wochenende finden die ersten Adventsausstellungen statt, denn in einem so überschaubaren Zeitfenster wie dem des Weihnachtsmarktes – im volkswirtschaftlichen Sinne von Markt – gilt mehr als sonst: Wer zuerst kommt, mahlt zuerst. Also, ran an den Speck! Das sagte ich mir auch und fing schon vor Wochen an, die berühmten Weihnachtsengel aus der „Landlust" vom letzten Jahr zu basteln. Sie erinnern sich doch, die aus Holzscheiten und Gips, deren Produktion im Vorjahr nicht nur in Bastelläden, sondern auch in Krankenhäusern und Apotheken zu dramatischen Lieferengpässen an Gipsbinden geführt hat! Auch hier hatte lediglich die hiesige Apotheke meines Vertrauens noch das benötigte Bastelmaterial auf Lager – und so wollte ich heute einfach mal schneller sein. Die Folge ist, dass nunmehr seit Wochen ein Stapel in Etappen gefertigte Gipsflügel und auf Moosi aufgesteckte Gipsköpfe neben zehn ausgewählten Holzscheiten in unserem Wohnzimmer rumliegen und ihrer Engelwerdung harren, denn die Zeit wird ja immer noch ein wenig knapper, so kurz vor Weihnachten. Nun habe ich auch noch meine vier Weihnachtskartons hervorgekramt und war bereits beim ersten Blick hinein überrascht davon, was sich darin alles tummelt – wie schnell man doch vergisst, was man vor gefühlten drei Monaten noch dekoriert hatte und wie schnell man doch auf den Ausstellungen das Gleiche noch mal kauft, wenn man sich nicht vorher durch einen Blick in die Kisten informiert hat! Das jedenfalls muss ich unbedingt noch tun, bevor ich mich morgen in das erste voradventliche Getümmel stürze. Inzwischen stehen meine Kisten quasi wie ein adventliches Mahnmal – „Jetzt dekoriere endlich und vergiss die Lichterketten nicht!" - nun gemeinsam mit den Fast-Engeln in der Wohnung herum, und noch ist nicht ganz raus, was schneller zur Vollendung gebracht wird: Holz-Gips-Engel oder Dekoration. Meine männlichen Mitbewohner kennen dieses weihnachtliche Dilemma schon und sie wissen auch, dass die vielen Kisten erst einmal quasi akklimatisiert werden müssen, bevor ich sie auspacken kann. Sie schweigen inzwischen zu all dem, in der Gewissheit, dass es wieder aufhört. Das würde ich mit Blick auf den weihnachtlichen Frieden übrigens allen Männern in ähnlichen Situationen auch raten.

Schwierige Zeiten sind das – vielleicht sollte man überhaupt viel lieber mit Plätzchenbacken anfangen – doch auch hier besteht die Gefahr der Prokrastination – im Volksmund Aufschieberitis genannt. (Dieses Wort habe ich just diese Woche bei „In aller Freundschaft" gelernt – da sage noch mal einer, Fernsehen macht dumm!) Gut, dass die Kinder irgendwann von selbst damit anfangen und ich mich auf das Erscheinen meines vorweihnachtlichen Backtriebes bis jetzt immer noch verlassen konnte. Für alle Fälle werden jetzt schon mal die Zutaten gebunkert – damit es, wenn es dann so weit ist, nicht daran scheitert. Wenn dann noch die ersten Weihnachtsgeschenke eintrudeln – für meine wenigen Kunden und Dienstleister, für Menschen, die unseligerweise in der Adventszeit Geburtstag haben, für Freunde und Familienmitglieder, dann fängt es langsam an, unübersichtlich zu werden, aber was macht das schon! Wir haben ja ab heute fünf ganze Wochen Zeit, das Chaos in den Griff zu kriegen!

Können wir das schaffen? Joo, wir schaffen das!

Weihnachtswahnsinn

Na, wie sieht es aus mit dem Weihnachtswahnsinn? Sind Sie noch gut dabei oder liegen Sie schon völlig erschöpft in der Ecke, vielleicht noch unter ein, zwei Kisten mit netter Weihnachtsdeko, für die sich in diesem Jahr beim besten Willen keine Verwendung mehr findet? Komisch eigentlich, wo doch heuer auf den fünf Adventsausstellungen und bisher acht Weihnachtsmärkten kaum noch Nennenswertes dazugekommen ist.... Und kochen Sie schon für den Hermes-Boten mit, der fast täglich die letzten noch fehlenden Geschenke bringt, und der dennoch nie fertig wird, weil immer noch was und noch was dazu kommt? Und wie viele Weihnachtsloskarten des Alsfelder Einzelhandels haben Sie schon ausgefüllt, wie immer in der Hoffnung auf einen verheißungsvollen 1000-€-Einkaufsgutschein, den man zwischen den Jahren in aller Seelenruhe mal ohne schlechtes Gewissen einfach so vershoppen könnte?

Ach ja, alle Jahre wieder und irgendwie immer früher steigt der weihnachtliche Aktivitätenpegel und ich kenne kaum jemanden, der sich nicht davon anstecken lässt. Größter Ansteckungsgefahr sind wir Frauen ausgesetzt, denn neben den oben genannten Hauptaufgaben muss man sehen, dass man in den letzten Tagen vor Weihnachten noch mal zum Frisör kommt und sich die Augenbrauen zupfen lässt. Der Massagegutschein vom letzten Jahr muss noch verbraten werden, genauso wie der von der Kosmetikerin, denn vielleicht gibt es ja schon bald wieder einen – und schaden kann es ja auch nicht, wenn man sich nach dem ganzen Stress noch mal aufmöbeln lässt. Schließlich muss noch die Wohnung auf Vordermann gebracht werden, das Essen für die Feiertage bestellt, es müssen Weihnachtskarten geschrieben werden und jede Menge Verabredungen zu- und wieder abgesagt werden. Da hat man doch bei der Planung das Benefizkonzert der Schule übersehen, weil es nicht in jeden der drei amtieren Kalender eingetragen war, genauso wie den Chipskassendienst am Weihnachtsmarkt, für den man nun einen netten Kaffeenachmittag sausen lassen muss. Da kann man nur hoffen, dass man früh genug feststellt, dass man für die Feiertage nichts, aber auch rein gar nichts zum Anziehen hat! Denn am Heiligen

Abend mit den darauffolgenden Feiertagen ist ja alles zu spät. Wer jetzt nicht fertig ist – daran mag man gar nicht denken!

Früher, als ich noch einer ernsthaften Tätigkeit im Büro nachging, hatte ich immer erst recht den Eindruck, dass es nach Weihnachten kein Morgen mehr gibt. „Das muss aber noch vor Weihnachten raus!", ist doch Standard ab KW 45, oder? So geraten selbst die Männer kurz vor Weihnachten ein wenig in Stress, wenn auch meistens nur im Job. Mit dem restlichen Weihnachtswahnsinn haben sie nämlich so gut wie nichts am Hut. Ich zumindest höre die Frage „Was schenken wir denn zu Weihnachten" das erste Mal, wenn wir am zweiten Feiertag auf dem Weg in die Rhön sind zur ultimativen Weihnachtsveranstaltung im Kreis meiner Familie. Die ist allerdings wirklich reine Nervensache (die Veranstaltung, damit keine Unklarheiten aufkommen), um mal mit Heinz Becker zu sprechen. Und von dort kriege ich auch die meisten vorweihnachtlichen Besorgungsaufträge: etwas für meine Kinder von meiner Oma, etwas für meine Kinder von meiner Mutter, etwas für meine Kinder von meiner Schwester. Und natürlich das Ganze weihnachtlich verpackt, wenn' s recht wäre. Dazu kommen noch die Geschenke, die wir selbst verschenken: etwas für meine Oma, etwas für meine Mutter, etwas für deren Lebensgefährten, etwas für meine Schwester, etwas für meine Schwägerin, etwas für meine Nichte, etwas für meinen Neffen. Letztes Mal, als wir zu der Feier fuhren, war unser Auto so voll, dass uns an der Tankstelle jemand fragte, ob wir ein paar Tage verreisen wollten... Endgültig wahnsinnig wird das Ganze, weil wir ja fast alles, was wir eingepackt mit wegnehmen, wieder ausgepackt mit nach Hause bringen. Ich zücke dann, bevor wir heimfahren, eine exakt ausgearbeitete Excel-Tabelle, auf der steht, wer wem was geschenkt hat, und dann kassiere ich bei meinen Familienangehörigen ab. Leider nicht kräftig - besorgen, einpacken und liefern sind kostenlos. Toller Weihnachts-Service, oder?!

Weihnachten

Unsere Weihnachtskrippe ist eine umgelegte Weinkiste aus Holz und unsere Maria hat ein blaues Auge, seit mein Sohn im Alter von fünf Jahren nach der Lektüre der ultimativen Weihnachtsgeschichte „Hilfe, die Herdmanns kommen" der Meinung war, das müsste so sein, und mit einem Edding das Seine getan hat. Das mit der Weinkiste, die mit einer Lichterkette dekoriert ist und schön mit grünem und braunem Sackleinen abgedeckt ist, war ihm dagegen immer ein bisschen peinlich. Inzwischen ist es ihm egal, und er überlässt das weihnachtliche Schlachtfeld gerne seinen kleinen Brüdern. Die richteten mit unseren schönen, aber sehr wackeligen Krippfiguren früher gerne mal ein Massaker in dem heiligen Weinkisten-Stall an – wer weiß, vielleicht kommt Marias blaues Auge ja auch davon...

Inzwischen hat sich die weihnachtliche Lage in unserem Fünf-, manchmal Sechs-Personen-plus-Hund-Haushalt merklich entspannt, auch wenn das penetrante Absingen von Weihnachtsliedern durch unsere Zwillis schon vor dem ersten Advent ein Maß erreicht hat, über das hinaus jedes weitere Lied verzichtbar wäre. Andererseits hat es aber auch etwas ziemlich Heiliges, wenn die beiden Blondschöpfe mit ihren maroden dreisaitigen Gitarren auf dem Sofa sitzen und den „Töpfer reich an Rat" loben. Der wird sich sicher freuen. Problematisch dagegen präsentiert sich alljährlich die Wahl der Geschenke, nicht zuletzt der eigenen: „Geld schenken finde ich blöd. Wünscht euch doch etwas Richtiges!". Wünschen wir uns doch: einen Festplattenrekorder. Will die Verwandtschaft der Generation Ü 70 den etwa selbst besorgen? Na bitte! Oder auch immer wieder Grund zur Freude: „Dann könnt ihr doch auch gleich noch eine Kleinigkeit für die Kinder mitbesorgen!". Eine Kleinigkeit für die Kinder – was bitte ist das? Das tausendste Mini-Lego-Set oder das fünfmillionste Pixi-Buch, damit ordentlich Budget frei bleibt für im Briefumschlag angehängtes Bares, über dessen Verwendung es im Lauf des Jahres mehrfach zu Meinungsverschiedenheiten zwischen den geschäftsfähigen Bestimmern und den nichtgeschäftsfähigen Besitzern kommen wird? Ein undankbarer Job ist das Fremdbesorgen, zumal ich mich an ein Weihnachtsfest erinnere, an dem „die Hose von der Oma" als das schönste

Geschenk identifiziert wurde, nicht etwa das Zimmerplanetarium oder das pädagogisch wertvolle Buch „Mozart für Anfänger" – mit CD! Einmal hat mein Sohn – ein damals sechsjähriges Kind – sein Weihnachtsgeschenk am Ersten Feiertag verscheuert. Ohne Gewinn und unter dem hämischen Grinsen meines Mannes, der a) mit dem schnellen Reaktionsspiel genauso wie sein Sohn und im Gegensatz zu seiner Frau überhaupt nicht zurechtkam und der sich darüber hinaus b) damals wie heute nicht an der Auswahl der Weihnachtsgeschenke beteiligt – weder ideell noch physisch. Glücklicherweise habe ich im Lauf der Jahre genug Gelassenheit erworben, um dem weihnachtlichen Treiben halbwegs entspannt entgegenzugehen, es waren harte Erfahrungen, aber nun bin ich gefeit! Dennoch – ich muss es gestehen – hatte ich schon den einen oder anderen schwachen Moment, in dem ich kurz davor war, bei tegut die letzten Sticker für das Regenwald-Sticker-Sammelalbum zu klauen, um die Feiertage zwar inhaftiert, aber dafür fernab von Essens- und Geschenkorgien zu verbringen, an denen ich maßgeblich beteiligt bin. Ich habe es nicht getan. Zur Not vertraue ich auf ein nettes Glas Rotwein – falls das Telefon der Notfallseelsorge überlastet sein sollte.

Bleibt zu hoffen, dass wir die Weihnachtsfeiertage auch in diesem Jahr wieder halbwegs unbeschadet überstehen – Psychologen sind sich ja einig, dass die Tage nach Weihnachten – übrigens genauso wie die nach einem Urlaub – die gefährlichsten für eine Beziehung sind. Kann ich gar nicht verstehen, wenn man doch die Vorweihnachtszeit schon gemeinsam gemeistert hat… Letztes Jahr haben mein Mann und ich, als alle anderen schon im Bett waren, in trauter Zweisamkeit die Sponge-Bob-Lego-Sets unserer Zwillis zusammengebaut. Ich Mrs. Puff's Bootfahrschule und er die Krosse Krabbe. Selten haben wir uns an einem Heiligen Abend so entspannt. Eigentlich wollten wir uns ja nichts schenken dieses Jahr, aber vielleicht, wenn ich ihm Sponge Bob's Ananas schenke, kriege ich ja Sandy's Sauerstoffglocke…

Glückskekse

An Silvester gab es Glückskekse. Manche von uns hatten so schöne Prophezeiungen wie „Ihre wunderbaren Charaktereigenschaften lassen Sie niemals altern" oder „Ihre Begeisterung wirkt ansteckend auf andere". Als ich an die Reihe kam und erwartungsvoll in meinen Glückskeks biss, hieß es: „Heute lösen Sie Ihre Probleme". Es war 23:35 Uhr. Jetzt hieß es sich sputen, denn wann kriegt man schon mal so eine Chance? Doch in dem Trubel der letzten Minuten des alten Jahres wollte es mir nicht mal mehr gelingen, meine Probleme zu sortieren und nach Priorität zu ordnen, was angesichts des engen Zeitfensters für deren Lösung unbedingt nötig gewesen wäre. Mein Zeitproblem schien mit der Prophezeiung also wohl kaum gemeint zu sein. Mangels einer entsprechenden Liste hatte sich um Mitternacht an meiner Lage nichts Nennenswertes geändert und ich dachte wieder einmal über den Wert von solchen Orakeln und Horoskopen nach. Da ich sie sehr unterhaltsam finde, lese ich sie unheimlich gerne, besonders die kleinen in der OZ am Samstag. Da stand schon mal „Sie sollten sich zu mehr Einsatz durchringen." Ein versteckter Hinweis des Redaktionsleiters vielleicht? Etwas später hieß es dann „Machen Sie klar, dass Sie keine Wunder bewirken können und auch keine Verpflichtungen zu unbezahlten Überstunden haben." Noch Fragen? Erstaunt war ich allerdings, dass es just vor der Woche, in der ich seit ewigen Zeiten wieder mal an einem Seminar teilnahm, hieß: „Nehmen Sie an einem Fortbildungskurs teil. Sie erweitern Ihren Horizont und öffnen sich Türen, die sonst verschlossen bleiben würden." Sollte das wirklich nur Zufall sein?

Ganz toll finde ich auch die Jahreshoroskope, die immer in den Frauenzeitschriften sind, die ich – rein zu Studienzwecken natürlich – regelmäßig lese. In der Rubrik „Liebe" steht in meinem Jahreshoroskop: „2012 geht es um das Suchen und Finden des Einzigen". Ob das nun bedeutet, dass ich in diesem Jahr meinen Mann ständig irgendwo suchen muss, wo ich ihn nicht vermute (vor der Waschmaschine zum Beispiel) oder dass ich ihm dies besser gar nicht zu lesen geben sollte, ist mir noch rätselhaft, wäre aber sicher nützlich zu wissen. Wäre ich doch Stier, dann würde „meine Leidenschaft eine neue Dimension bekommen" – aber an meinem Geburtsdatum kann ich ja leider nichts ändern. Und wenn, dann würde ich wohl eher zu Schütze tendieren, die „neigen (laut Brigitte-Horoskop) zu Extrapfunden". Dann bleibe ich doch lieber Wassermann.

Schon so lange ich lesen kann, mag ich Horoskope. Nur an dem Tag, als mir als junges Mädchen klar wurde, dass die kleinen Tageshoroskope in der Bildzeitung sowohl für mich als auch für meinen Vater gelten sollten, eröffnete sich mir eine ungeahnte Bandbreite an Interpretationsmöglichkeiten, zu der ich ein recht zwiespältiges Verhältnis entwickelte. Dennoch: wenn mir die Vorhersagen gefallen, dann merke ich sie mir, wenn sie mir nicht gefallen, dann denke ich einfach „Was für ein Unsinn". Und so gesehen sind sie dann auch ganz hilfreich, zumindest als Motivationshilfe. Also, Wassermänner, aufgepasst: Wir haben in diesem Jahr extrem magische Momente: Ende Januar wartet ein beruflicher Senkrechtstart auf uns und Mitte April prädestiniert unsere Ausstrahlung uns zu Großem. Allen Lesern, die kein Wassermann sind, rate ich: Drücken Sie ein Auge zu, und stellen Sie sich einfach vor, alles Positive stünde bei Ihrem Sternzeichen – es wirkt bestimmt!

Ansichtssache

Nun ist das neue Jahr schon wieder fünf Tage alt. Sollte man da noch zurückblicken und sich fragen, ob das alte Jahr nun eigentlich gut oder schlecht war? In einem Jahresrückblick hieß es kürzlich, das Jahr 2012 wird ob seiner Bedeutungslosigkeit als die langweilige Zeit zwischen 2011 und 2013 in die Geschichte eingehen. Nichts, aber auch gar nichts Nennenswertes sei passiert. Das mag ja stimmen, aber ist das denn so übel? Blickt man auf ein Jahr, in dem nichts passiert ist, gelangweilt, gar enttäuscht, zurück oder ist man vielleicht froh, dass endlich mal nichts passiert ist und alles größtenteils so geblieben ist, wie es war? Ansichtssache, würde ich sagen. „Bei gleicher Umgebung lebt doch jeder in einer anderen Welt", würde Arthur Schopenhauer dazu sagen. Ich gehe jetzt einfach mal davon aus, dass der Philosoph sich dazu qualifizierter äußern konnte als ich, schließlich kommt es sehr wohl darauf an, ob man nun unbedingt möchte, dass sich mal etwas tut im Leben oder ob man findet, alles ist gerade so schön, dass es mal eine Zeitlang so bleiben könnte.

Die Jahresrückblicke in den Zeitschriften – ich zog zu Studienzwecken wieder das statistische Fachblatt „Bunte" zu Rate – gaben dann ja doch ein bisschen was her: 60-jähriges Krönungsjubiläum der Queen, Wiederwahl Obamas, noch nicht ganz geklappte Euro-Rettung, spektakulärer Wechsel in unser aller Schloss Bellevue! Aber was sind solche Nachrichten schon gegen die Trennungen des Jahres: Heidi Klum und Seal zum Beispiel. Auch Lothar Matthäus ist wieder Single. Damit konnte ja keiner rechnen. Was seine diesjährige Ex-Freundin sicher ganz enorm freuen wird, findet er sicher weniger lustig, ganz zu schweigen von den vielen Eltern minderjähriger Töchter über 1,85 m! Kaum zu glauben, dass Lothar Matthäus auf der 250 Namen umfassenden Liste mit den wichtigsten Promis 2012 auf Platz 119 gelandet ist, weit vor Helmut Schmidt und Wolfgang Joop! Spricht das jetzt für die Qualität des alten Jahres oder nicht? An zweiter Stelle der Liste steht übrigens – gleich nach Herzogin Catherine von Cambridge – Angela Merkel, unsere Angie quasi, oder, wie die Bunte findet, die „Königin Europas". Ansichtssache, kann ich da nur sagen. Wie so vieles: Am 1. Januar beispielsweise fragte ich mich, ob ein Neujahrstag ohne Kater bedeutet, dass die Silvesterparty nicht so wirklich der Burner war oder ob es nicht einfach nur gemütlich war und doch ganz prima ist, nach einem schönen Abend in netter Gesellschaft nach dem Aufstehen wieder fit zu sein. Oder zu Weihnachten, als unsere Familie fast eine ganze Woche lang in einer Besetzung von 4/5 mit Fieber auf der Couch und den Sesseln lümmelte und alle, aber auch alle Weihnachtstermine ausfielen, fragte ich mich: ist das jetzt besinnlich und pure Erholung? Oder ist es vielleicht einfach nur sch....? Apropos Exkremente – die größte Lektion in Sachen „Ansichtssache" erteilte mir vor einiger Zeit meine Schwiegermutter. Sie hat zwar keinen Platz auf der Bunte-Promi-Liste, dafür ist sie wirklich weise: Eines Tages nämlich lief ihr während eines Spaziergangs etwas über die Haare auf den Kragen. Eine bräunlich-weiße Substanz, die wir nach längerer Inspektion und fachkundigem Blick nach oben als Möwenkacke identifizierten. Für viele wäre der Tag damit gelaufen. Wir aber bestellten einen Kaffee und meine Schwiegermutter lachte und sagte: „Jetzt bin ich aber wirklich froh, dass das keine Kuh war."

Vorsätze

Ich finde, jetzt ist langsam mal Schluss mit „Alles Gute im neuen Jahr", oder? Mich haben diese Wünsche schon am dritten Januar so eiskalt erwischt, als hätte es Silvester und das ganze Gemache gar nicht gegeben. Aber so ist das eben, kaum sind die Feierlichkeiten vorbei, schleicht sich bestenfalls der Alltag, schlimmstenfalls der Kater ein. Meinen Kater habe ich hinsichtlich der guten Vorsätze für das alte Jahr genommen. Ja, richtig, das alte Jahr! Ist schon blöd, wenn man feststellen muss, dass nicht mal die Minimalziele erreicht wurden. Ich wollte mich ja mit allem, was ich tue, besser organisieren, aber, ehrlich gesagt, kann ich meine To-Do-Listen von Anfang 2011 mit Änderung einer einzigen Ziffer übernehmen. Wenigstens spart das Zeit. Und obwohl die Aussichten für das Umsetzen guter Vorsätze so trübe sind, kommt man nicht an ihnen vorbei, denn sogar, wenn man sich selbst angesichts der Realitäten nichts vornimmt, kommen die gutgemeinten Ratschläge zur Verbesserung der Gesamtsituation von allen Seiten angeflogen:

Meine Physiotherapeutin meint – zu Recht -, dass die Übungen nur etwas bringen, wenn ich sie selbst etwa zehn Minuten täglich mache. Mein Homöopath meint, ich solle meine Therapieerfolge schriftlich – handschriftlich – notieren und dafür regelmäßig Zeit einplanen, wenn die Kinder aus dem Haus sind oder wenn sie noch oder schon schlafen, und die Entspannungstante in der letzten Reha meinte, man könne durchaus auch als berufstätige Mutter zwölf Minuten am Tag für Entspannungsübungen verwenden. (Dazu müsste man nur eine leere Austernschale vor die Tür legen, hinter der man entspannen wolle, dann wüssten die Kinder, dass sie Mama jetzt mal in Ruhe lassen müssten. Ich sag' dazu nichts, nur so viel: bei ihr mag das klappen, ihr Sohn ist dreißig und Lehrer.) Meine Frauenzeitschrift meint, ein täglich zu führendes Glückstagebuch würde erheblich zum persönlichen Wohlgefühl beitragen, und meine Familie meint, wenn ich morgens keine festen Termine habe, könne ich mit dem Hund gehen. Ich meine, wenn ich jeden Tag konsequent eine halbe Stunde Ablage machen würde, wäre ich bis August mit der Ablage der letzten beiden Jahre durch und könnte dann die Steuererklärung anfangen, bevor ich zum Ende des Jahres mein Büro aufräumen könnte. Ich meine auch, dass es meinen persönlichen Kontakte zugutekäme, wenn ich pro Tag wenigstens eine E-Mail an einen Freund oder eine Freundin schreiben würde. Ich meine außerdem, dass es der Figur und dem Wohlbefinden zuträglich wäre, wenn ich neben den physiotherapeutischen und den Entspannungsübungen auch noch etwas für den Fettabbau täte, etwas in der Art wie es die ewige Ab- und Zunehmexpertin Susanne Fröhlich nun endlich mit Yoga geschafft hat. (Wie dauerhaft, wird sich zeigen.) Ein Stündchen am Tag müsse man dafür schon einplanen, war in einem Interview mit einer beeindruckend dünnen Susanne Fröhlich zu lesen, aber auf ein Stündchen mehr oder weniger kommt es bei meinem imaginären Pensum ja kaum mehr an. Auch unser im Keller völlig vereinsamtes und mit allerbesten Absichten angeschafftes Rudergerät würde sich über etwas mehr Zuwendung sicherlich freuen und mein Frischegefühl würde sicherlich wachsen, wenn ich es schaffte, mir jeden Tag einen Obstsalat zu machen. Schließlich meinen meine verständnisvollen Auftraggeber, wenn morgens die Kinder aus dem Haus sind, könne ich arbeiten. Ich will sie ja nicht verschrecken, aber bitte, wie stellen die sich das bloß vor? Eine kinderfreie Phase, die um halb neun beginnt und etwa um zwei endet - wie soll dann da bei all den guten Vorsätzen noch irgendein wie auch immer geartetes wirtschaftliches Interesse auf der Seite der Mittelbeschaffung wahrgenommen werden?

Da aber Letzteres – vor der von mir liebend gern betriebenen Mittelverwendung – unbedingt nötig ist, habe ich vor den vielen guten, sinnvollen und berechtigten Vorsätze bereits kapituliert, ohne dass ich auch nur einen davon überhaupt versucht hätte in die Tat umzusetzen. Meine innere Stimme sagt mir, ich könne es pro Tag ja mal mit einem von ihnen versuchen, aber meine innere Stimme ist sehr, sehr leise...

Neununddreißig

Wassermänner sind kreativ, charmant, unkonventionell, extrovertiert, innovativ... Das sagen die Horoskope und natürlich werden auch die Wassermänner selbst nicht müde, sich mit diesen und anderen unglaublich schönen Attributen zu schmücken. Sind sie doch selbst davon überzeugt, dass es kaum ein sympathischeres Sternzeichen als den bärtigen Mann mit dem Dreizack gibt. Zweifellos eine weitere Eigenschaft der Wassermänner ist, dass sie alle in diesen Tagen Geburtstag haben, so wie - sicher haben Sie es schon geahnt - auch ich. Meinen 39. konnte ich Ende Januar feiern!

Kann es sein, dass es hier und da Leser und Leserinnen gibt, die an dieser Zahl zweifeln? Dann kennen Sie nicht das Zitat von Coco Chanel, der bekannten Geriatrie-Forscherin, das uns Frauen im Zeitalter von Jugendwahn und Daniela Katzenberger endlich, endlich aufatmen lässt. Hier ist es: „Eine Frau kann mit 19 entzückend sein, mit 29 hinreißend, aber erst mit 39 ist sie absolut unwiderstehlich. Und älter als 39 wird keine Frau, die einmal unwiderstehlich war!" Sind das nicht tolle Aussichten, liebe Leserinnen? Nie mehr 40 sein und dennoch nicht vorher sterben müssen? Einfach immer wieder den 39. feiern und gut is'! Wie, meine Damen, Sie wissen ja gar nicht, ob Sie mit 39 unwiderstehlich waren? Nun wollen wir aber mal nicht kleinlich werden, denn das ist ja wohl überhaupt kein Problem: allen Berechnungen in der Wissenschaft liegen Annahmen zugrunde, die als gegeben vorausgesetzt werden, um überhaupt etwas berechnen zu können. Unsere Annahme ist die Unwiderstehlichkeit. So einfach ist das mit der Wissenschaft!

Natürlich werden wir, um dies zumindest die ersten zehn Mal nicht dauernd erklären zu müssen, etwas tiefer in die nicht ganz billigen Töpfe der Kosmetikindustrie greifen müssen, denn solange es gegen die sieben Zeichen vorzeitiger (jawohl, das will ich hier noch einmal betonen: VORZEITIGER!!!) Hautalterung ja noch „Total Effects" oder „Visible Results" gibt, ist doch noch einiges zu machen: lichtreflektierende Pigmente, Hyaluronsäure oder antioxidatives Bio-Granatapfelsamenöl und Goldhirseextrakt versprechen ja wahre Wunder, und wenn die ersten fünfzehn

Präparate nicht helfen, macht ja nichts. Die Liste ist endlos, genauso wie die Preise. Sollte es dann, wenn der 39. Geburtstag sich zum fünfzehnten oder zwanzigsten Mal jährt, zum ersten Versagen der vielen Anti-Aging-Mittel kommen und die Segnungen der plastischen Chirurgie Ihnen als irgendwie nicht ganz so das Wahre erscheinen, probieren Sie es doch einfach mal mit etwas mehr Pro-Age oder wollen Sie noch mal 20 sein? Vielleicht beneidet man sie ja mal kurz, die jungen Mädels, die in einer wahnsinnig lebendigen Zeit voller Erwartungen und Illusionen am Anfang eines selbstbestimmten Lebens stehen. Wir dagegen, die wir schon mehrfach unseren 39. Geburtstag gefeiert haben, wir wissen, wie kurz die Phase der Selbstbestimmung ist: Kaum sind ein paar Jahre um, haben Mann, Kinder, Chef, Bank und Schwiegermutter ein gehöriges Wörtchen mitzureden. Aber wir wissen auch: we will survive!

Die Versuchungen, jeder Mode nachzurennen, sind nicht mehr allzu groß – das ist sehr erleichternd, wenn man zu der Art von Frauen gehört, die schon mit zwanzig in bauchfrei mit Hüfthose und Tangaslip nicht wirklich gut ausgesehen hätte. Man kennt seinen optimalen Alkoholbedarf, hat seinen „Setting Point" akzeptiert, auf dem man sich nach jeder Diät wieder einpendelt und seine Konsequenzen daraus gezogen, Erziehungsratgeber – sowohl über Männer, Kinder und uns Frauen selbst – sind in der Flohmarktkiste gelandet und man ist auch sonst nicht mehr so leicht aus der Ruhe zu bringen. Mein Fazit, nachdem ich meinen 39. Geburtstag nun schon zum sechsten Mal gefeiert habe: 39 sein ist keine Frage des Alters, sondern der Geisteshaltung – es lebe Coco Chanel!

Probieren wir es einfach mit weniger Anti- und mehr Pro-Age!

Fasching

Ich weiß nicht, ob es ratsam ist, sich in dieser emotionsgeladenen Zeit rund um den Rosenmontag überhaupt zu Fastnacht, Fasching oder Karneval zu äußern, gar, sich als Faschingsmuffel zu outen. Besonders vermutlich dann nicht, wenn man – wie ich – noch vorhat, heute Abend eine Karnevalsveranstaltung zu besuchen. Aber dort bin ich hinter den Kulissen, was für mich an einem solchen Abend eindeutig der bessere Platz ist als davor. Es ist auch nicht direkt eine Abneigung, die ich gegen die Fastnacht – wie sie ursprünglich in Hessen heißt – habe, es ist einfach ein bisschen so wie mit der Bundesliga: sie ist mir egal. Und dennoch mache ich mir so meine Gedanken um sie, da ganz offensichtlich jede Menge Leute jede Menge Spaß damit haben und in diesen Tagen, wie man es in Fachkreisen nennt, jeden Morgen das Konfetti nur so aus der Zeitung fällt.

Spätestens aber, wenn auf jedem Fernsehprogramm Büttenreden kommen, egal wohin man zappt, hört bei mir der Spaß auf: An meinen seltenen freien Abenden habe ich Visionen von Extrem-Couching, vorzugsweise mit Wilsberg, Barnaby oder einem Münster-Tatort und einem Glas Rotwein, an den anderen Abenden sehe ich zu, dass ich noch die Tagesthemen erwische. Umso ungünstiger ist es dann, wenn auf meinen öffentlich-rechtlichen Lieblingssendern das DFB-Viertelfinale (Holstein Kiel – Borussia Dortmund) mit „Typisch Kölsch" konkurriert, mit dabei so illustre Gäste wie „Blom und Blömcher" und „Ne Knallkopp". Irgendwie hatte ich mir den Abend anders vorgestellt. Auf den anderen Programmen gab es wenig später wahlweise „Fastnacht in Franken", „Schunkeln, Wibbeln, Exerzieren" „Das Lustigste aus der Hessischen Fastnacht" mit der unvermeidlichen Margit Sponheimer oder „Aha und Tschä Hoi" mit Balduin Bahnsteig und Karle Dipfele. Das ist nur eine kleine Auswahl an einem Freitagabend und da ist es kein Wunder, finde ich, dass das mit der Pisa-Studie bei uns noch nicht so richtig klappt. Ein Blick in die hiesige Kreppel-Zeitung zeigt vom letzten Samstag bis zum kommenden Dienstag über achtzig Veranstaltungen allein hier bei uns! Eine Zahl, die zum einen wahrscheinlich nicht mal vollständig ist und die mir zum anderen tatsächlich jede Menge Respekt abtrotzt, zeugt sie doch von der unverwüstlichen Lust der

Menschen am Fastnachtfeiern und dem auch damit verbundenen viel gepriesenen ehrenamtlichen Engagement. Warum ist das so?

Der Soziologe Sacha Szabo ist der Meinung, den Menschen geht es um das Bedürfnis nach dem Außer-sich-Sein, nach der Ekstase. Ich weiß ja nicht – Ekstase angesichts der unzähligen Männerballetts, die jedes Jahr erneut unter Beweis stellen, dass das männliche Selbstwertgefühl nicht von einem völlig überschätzten Gefühl für Ästhetik abhängt? Ein Außer-Sich-Sein, wenn in den Büttenreden im immer gleichen, nicht immer glücklichen fünfhebigen Jambus die alten Witze gemacht werden, die Paarreime bevorzugt nach dem bewährten Motto „Reim dich oder ich fress' dich" verfasst sind, vorzugsweise von Politikern, Schwiegermüttern und Ehefrauen handeln und nur ein Tusch (dädä-dädä-dädähhh) die Gäste auf die Pointe aufmerksam macht, und das auch nicht immer und nicht immer zur rechten Zeit? Und dann die Gardemädels, die in ihren kurzen Röckchen bibbernd bei den Festzügen mitlaufen und sich vermutlich alle eine Blasenentzündung holen... Na ja, am Aschermittwoch ist ohnehin alles vorbei. Da bin ich nur froh, dass meine Zwillis in der Schule Fastnacht feiern können - meine Künste im Kinderschminken würden Konkurrenzsituationen in größerem Rahmen auch nicht standhalten. Vage Erinnerungen an versuchsweise besuchte Kinderfaschingsveranstaltungen in der Vergangenheit fördern Bilder von auf sich allein gestellten kleinen Darth Vaders, Indianern, Biene Majas und Pippi Langstrumpfs zutage, während sich die Väter einträchtig um die Theke versammeln und sich mit Hilfe alkoholischer Getränke in der Kunst des Außer-sich-Geratens üben. Da halte ich es doch lieber mit den drei von meinem großen Sohn bevorzugten Kostümen: er geht abwechselnd als homo sapiens sapiens, als Otto Normalverbraucher oder als Mensch. Von wem hat das Kind bloß diese originellen Einfälle?

Konträrfaszination

Neulich las ich ein schönes Wort in einer Kolumne des von mir sehr verehrten Jan Weiler. Es heißt „Konträrfaszination". Wissen Sie, was das ist? Das ist, wenn man etwas mag, was man eigentlich nicht mag. Wenn man also zum Beispiel aus unerklärlichen Gründen das Lied (oder was auch immer es ist) „Gangnam Style" gutfindet – das Ding dieses durchgeknallten Koreaners, dessen einzig verständliche Textzeile „Hey, sexy lady" auf keine tiefgreifende Entwicklung auf dem Schlagertextsektor schließen lässt. Oder wenn man – was ich persönlich zuletzt 1977 war – plötzlich wieder Heino-Fan wird, nur weil der plötzlich festgestellt hat, dass er zu wenig in die Rentenkasse eingezahlt hat und nun die besten deutschen Songs der Gegenwart covert.

Mein ganz persönliches Coming Out hinsichtlich Konträrfaszination hatte ich zu Fasching. Plötzlich und unerwartet überkam mich beim Kauf der Kostüme für die Zwillis der Wunsch nach einem eigenen Faschingskostüm. Ich bin eine Frau und ich war in Eile. Da gibt man einem spontanen Kaufimpuls gerne mal nach. Ich erstand ein Hippiekostüm und eine blonde (endlich) Langhaar(endlich)perücke. Und da ich ungern allein zu neuen Ufern aufbreche, bekam mein Mann sogleich die passende Rastamontur mit Batikshirt verpasst. So waren wir in diesem Jahr FREIWILLIG auf zwei Faschingssitzungen anzutreffen, und was soll ich sagen, wir waren sehr begeistert. Vielleicht erinnern Sie sich, dass ich mich noch im letzten Jahr an dieser Stelle als Faschingsmuffel geoutet habe, aber nun habe ich mich dem alten Dadaisten-Motto „Der Kopf ist rund, damit das Denken seine Richtung ändern kann" ergeben. Und das an Fasching.

Natürlich aus rein pädagogischen Gründen, versteht sich. An Fasching kann man nämlich einiges lernen: Man kann erleben, wie ernsthafte Vermögensberater zu Rampensäuen werden, man kann Lokalpolitiker mit dem längst verdienten Heiligenschein herumlaufen sehen – analog dazu ging mein Mann mit seinen Dreadlocks als Allegorie auf die Alsfelder Politik. Ich konnte feststellen, dass auch Männer, die sich als Frauen verkleiden, an der Schwelle zu den Wechseljahren möglicherweise unter unkontrollierter Gewichtszunahme leiden, und ich war verwundert über die Fähigkeit von Kaplanen, sich besoffen zu stellen, während ihre Dekane im Pilotenanzug ihr Bestes gaben. Was ich bis heute nicht ganz verstanden habe, ist die Faszination, die von Männern mittleren Alters in unvorteilhafter Frauenwäsche ausgehen soll – das bleibt wohl eher eine Konträrfaszination!

Was mich aber echt richtig, richtig mitgenommen hat, ist die Tatsache, dass ich auf der Bühne einen Mann sah, mit knapp fünfzig wesentlich älter als ich, der schönere Beine präsentieren konnte, als ich jemals auch nur ansatzweise gehabt hätte! Auf hohen Stöckelschuhen laufen konnte er auch und natürlich war er perfekt geschminkt. Selbst meine blonde Perücke war im Vergleich zu seiner Haarpracht eher mickrig. Gottseidank gab es genug Rotwein in der Hessenhalle, irgendwie kam ich damit zurecht. Und dann doch wieder der Gangnam Style. Er fehlte auf keiner der Sitzungen, die ich besucht habe, ob es sich hierbei aber nun um Faszination oder Konträrfaszination handelt, das habe ich noch nicht genau herausgefunden. Ich muss jetzt erst mal die vielen neuen Eindrücke verarbeiten. Gut, dass mein Kopf rund ist!

Bleiben wir fasziniert!

Fasten

„Also, ich faste nicht. Ich verzichte ja schon auf so viel!" Das sagte letztens eine gute Bekannte von mir und je mehr ich darüber nachdachte, fand ich: sie hat recht! Wir verzichten auf so viel! Auf eine Villa mit großem Garten und Gärtner, auf ein Hausmädchen und eine Nanny, auf einen Personal-Fitness-Trainer, auf einen sechswöchigen Sommerurlaub wahlweise auf Sylt oder den Seychellen. Auf ein Leben an der Seite von George Clooney, auf einen Privatjet für die Ausflüge mit unseren Kindern. Leicht ist das alles nicht! Warum also bei so einem Elend auch noch fasten? Fasten ist ohnehin nichts für mich, dachte ich bei mir, obwohl die Auswahl dessen, was ich so fasten könnte, ziemlich groß wäre. Kaffee, zum Beispiel. Das wäre dann so, als ob man ein Auto ohne Benzin von A nach B schaffen wolle. Dann könnte ich auch gleich Computer fasten, Hausarbeit fasten (warum eigentlich nicht, die erste vernünftige Idee in diesem Zusammenhang) oder sonst was. Meine Funktionstüchtigkeit wäre nachhaltig gestört. Das kann ja keiner wollen. Süßigkeiten fasten! Wäre schon eher was und käme auch der Frühlingsfigur zugute. Habe ich probiert, klappt aber nicht. Die Sache mit dem Geist und dem Fleisch, wissen Sie. So ein Nachmittagskaffee ohne einen kleinen Keks oder ein Stückchen Schokolade ist auf Dauer einfach zu trostlos. Genauso wie ein Abend auf der Couch ohne ein Gläschen Feierabendwein.

Aber irgendwas muss doch auch so jemand wie ich mal fasten können, oder? Und plötzlich war sie da, die Idee: Shopping fasten! Sieben Wochen keine Klamotten, keine Schuhe, keine Tücher, keine Kinkerlitzchen, keine Deko – nichts, was man nicht wirklich braucht. Hört sich gar nicht so schwer an, stieß aber, werte, verwunderte männliche Leser, bei Frauen, denen ich davon erzählte, auf große Augen. „Das ist ja schwieriger als alles!" Ja, da können Sie mal sehen! Ist es auch! Denn die Versuchung lauert überall. Zuallererst natürlich im Internet: Ich weiß nicht, wie viele Mails meiner Lieblingsshops ich in dieser Zeit achtlos gelöscht habe: „Nur noch bis morgen: 25% auf die neue Frühlingskollektion", „Diese Woche portofrei bestellen: die Must-haves der Saison", „Schuhe bis zu 70% reduziert – nur noch wenige Tage". Schuhe! 70%! Ich litt und löschte. Aber ich sparte Zeit und Geld und musste dennoch nie barfuß laufen. Auch wenn die

Frühlingsauslagen der Alsfelder Schuhgeschäfte mir eifrig zuwinkten und der hiesige Einzelhandel mit jeder Menge Farben den modischen Frühling heraufbeschwor: Ich blieb standhaft. Einerseits war es leicht, weil der Frühling selbst ja gar nicht kam und bei grauem Himmel und minus 20 Grad auch die Kauflust nicht so groß ist. Andererseits war es auch schwer: Ich stellte für die OZ eine neue Boutique vor: also mittenrein in ein Paradies von verlockenden Accessoires und orangefarbenen Handtaschen! Ich berichtete von einer wunderschönen Modenschau, auf der es eine knallgrüne Joop-Hose auf mich abgesehen hatte. Ich blieb standhaft. Sogar auf der großen Frühlingsmesse schritt ich festen Willens vorbei an Handtaschen, Tüchern, Ketten, sogar an Hüftschmeichlern, von denen ich dringend, wirklich dringend, wieder mal einen gebraucht hätte. Das ersparte Geld legte ich in Lebensmittel an – die waren ja von der Selbstkasteiung ausgeschlossen: Mit veganem Öko-Pesto und italienischen Mandelplätzchen im Gepäck verließ ich die Hessenhalle. Nicht auszudenken, was so eine lange Fastenzeit für eine Auswirkung auf meine Figur gehabt hätte!

Einzig in meinem Lieblingsladen verlor ich – fast – die Contenance. Gut, dass ich dort auf verständnisvolle Mitmenschen traf. In dem Nebenraum des Ladens wartet nun geduldig die neue Frühlingsmode auf mich und das baldige Ende der Fastenzeit! Eine geblümte Hose, eine rote Jacke, ein passendes Tuch! Am Osterdienstag, meine Damen und Herren, werde ich, bepackt wie Paris Hilton, durch Alsfeld schlendern! Mein mühsam erfastetes Erspartes wird dem hiesigen Wirtschaftskreislauf zufließen. Das Warten hat sich gelohnt, denn die Vorfreude wächst mit jedem Tag. Und ganz nebenbei habe ich tatsächlich gemerkt, dass ich eben nicht alles brauche und schon gar nicht sofort. Und wenn die Versuchung mal vorbei ist, dann kommt sie nicht jedes Mal wieder! Nur manchmal. Jetzt sagen Sie vielleicht: „Na ja, das kann man ja nun alles nachholen, das gilt nicht!" In diesem Fall zitiere ich meine weise Freundin: „Weißt du Traudi, wenn du jetzt Süßigkeiten fasten würdest und bekämst eine Schachtel Pralinen geschenkt, dann könntest du sie dir ja auch aufheben bis nach der Fastenzeit!"

Haben Sie immer etwas, worauf Sie sich freuen können – auch nach Ostern!

FAMILY LIFE

Zahnspangenwartin

Wundern Sie sich nicht, wenn Sie im neuen Jahr nicht immer meine Kolumne an der vertrauten Stelle finden. Ich werde es wohl kaum mehr alle zwei Wochen schaffen, denn ich habe zusätzlich zu den vielen verantwortungsvollen Jobs in meinem Leben wie Sockenwartin, Ranzenwartin, Winteraccessoirewartin, Zähneputz-wartin, Wäschesortiererin und Klopapiernachfüllerin, um nur einige zu nennen, ein neues sehr anspruchsvolles Aufgabengebiet angenommen: ich bin Zahnspangenwartin geworden! Nach einem mehr als einjährigen Praktikum an der festen Zahnspange meines einen Zwillis mit regelmäßigem Zwischenraumsäubern und Gummi-Einhaken bin ich nun zu neuen Höhen aufgestiegen: ich darf nun auch die lose Zahnspange des anderen Zwillis warten und sogar alle zwei Wochen weiterdrehen!

Und diese Aufgabe hat es echt in sich. Zum einen kämpft man ja dauernd mit der Zeit (darin habe ich ja viel Übung, wenn auch erfolglos): 15 bis 16 Stunden am Tag soll er sie tragen, allerdings nicht beim Essen, nicht beim Sport und in unserem Fall auch nicht in der Schule. Denn dort wird natürlich auch gegessen und Sport gemacht und dort ist schon so das eine oder andere im unerklärlichen Nirwana verschwunden. Ganze Brillen (!) haben wir da schon eingebüßt und ich hätte keine ruhige Minute, wenn sich die Zahnspange den ganzen Tag außerhalb meines Kontrollbereichs befände. Lieber schaue ich sie mir mehrmals am Tag an, wie sie friedlich in ihrem Becher liegt und auf die Heimkehr ihres Trägers wartet, der dann bis zum Abendbrot von mir angehalten wird, das gute Stück endlich zu tragen. Kann zeitlich also etwas eng werden...

Und dann diese Verlustängste! Ich weiß nicht, wie oft ich den Becher schon in der Hand hatte, um ihn schwungvoll samt Inhalt in die Spülmaschine zu kippen. Gerade im letzten Moment hielt ich inne und rettete das teure Stück vor dem sicheren Ende. Wenn man in der Öffentlichkeit offen mit diesem Thema umgeht, bekommt man viele Geschichten von verlorenen Zahnspangen zu hören: Solche, die in Servietten verpackt neben dem Essen lagen und dann mit allen anderen Servietten auf Nimmerwiedersehen in den Kamin flogen, zum Beispiel. In Internetforen kann man die schaurigsten Schicksale von Zahnspangen und ihren bemitleidenswerten Trägern finden. Unter anderem kann man feststellen, dass sie, die Träger, wie die meisten Forenautoren, noch unter ganz anderen Problemen leiden und nicht nur mit der Frage, ob von der Zahnspange der Mund dick wird, überfordert sind. Hier eine Originalantwort: *"Ich kann mich noch an meine erinner iii haha keine angst aber das sieht man leicht aba das auch nur am anfang nach der zeit ist es ganz normal und es stört dich net weiter am anfang musst du nur suppe schlürfen das ist schlimm!"* In einem anderen Forum äußern sich Zahnspangenträger mit den schönen Namen „Karsten will ne Spange", „Bloody Angel", „Tiefbiss" oder „bracket girl" zu ihren einschlägigen Erfahrungen – dabei wollte ich eigentlich nur wissen, ob es nicht vielleicht doch eine Versicherung für verlorengegangene Zahnspangen gibt, oder wie oft die Krankenkasse eine solche ersetzt. Wissen Sie, wenn man schon Brillen in ihren Einzelteilen aus dem Grassack des heimischen Rasenmähers geholt hat, dann fragt man sich solche Sachen. Ehrlich gesagt, weiß ich auch gar nicht, wie ich mich für diesen verantwortungsvollen Job überhaupt qualifiziert habe. Unser Schwund an Mützen, Schals, Stiften, Socken und Brillen – alles unter meiner Wartung – spricht nicht eben für mich. Wahrscheinlich ist mein Einsatz bei solchen Aufgaben wie so viel Inkompetentes an anderer Stelle einfach – alternativlos!

Also, ran an den Speck, nützt ja nix!

Fernbedienungen

Ich gehe mal davon aus, dass wir ein normaler Durchschnittshaushalt sind. Doch manchmal beschleichen mich Zweifel. Zum Beispiel, wenn ich die Anzahl unserer Fernbedienungen betrachte. Wir haben eine für den Fernseher, eine für den Verstärker, eine für den Receiver, eine für den DVD-Player, eine für die Wii und seit neuestem auch eine für unseren alten Videorecorder, der zu Testzwecken aufgebaut war. Das Gerät selbst verschwand zwar wieder im Keller, aber die Fernbedienung zog es vor, im Kreise ihrer Lieben zu bleiben. Zum Anstellen des Fernsehers braucht man mindestens zwei: die für den Fernseher, weil der durch einen Code vor unberechtigtem kindlichen Zugriff geschützt ist, und die für den Receiver. Meistens braucht man natürlich auch noch die für den Verstärker, der in der Regel aus ist.

Normalerweise sind ein bis zwei der benötigten Fernbedienungen bis zum Abend verschwunden, wenn ich kurz vor dem heute journal, den Tagesthemen oder Inspector Barnaby vor den Fernseher stürme, um in letzter Minute einzuschalten. In der Regel halten sie sich irgendwo in der Nähe des Wohnzimmertisches auf: unter Sofakissen, hinter CD-Stapeln oder dekorativ in die Fernsehzeitung eingeschlagen. Manchmal tarnen sie sich auf hinterhältigste Art und Weise: dann liegt eine Handy-Attrappe unserer Zwillis, unser Telefon oder ein Taschenrechner an ihrer Stelle; und erst nach mehrmaligem vergeblichen Drücken merke ich, dass ich die falsche Hardware habe.

Die Suche nach den richtigen Geräten dauert meist so lange wie der erste Beitrag im heute journal, den ich, wenn ich Glück habe, und der Receiver schon an ist, zumindest akustisch verfolgen kann. Einmal jedoch hatte ich bei diesem abendlichen Ritual eine schlimme, um nicht zu sagen traumatische Begegnung. Mit einem Brot. Mit Bernd das Brot. Kennen Sie Bernd das Brot? Bernd ist ein sprechendes Kastenweißbrot mit viel zu kurzen Armen. Er gehört der Gattung des Homo Brotus Depressivus („depressiver Brot-Mensch") an und füllt unter anderem den Sendeschluss des Kinderkanals KIKA. Bernd das Brot hat einen fatalistischen und depressiven Charakter. Mit Vorliebe starrt er seine häusliche Südwand an, lernt das Muster der Raufasertapete auswendig und schaut am liebsten Testbilder im Fernsehen. Dieser Kreatur war ich eines Abends hilflos ausgeliefert, als ich den Fernseher einschalten wollte. Meine Kinder hatten, als Bernd das Brot auf der Flimmerkiste erschien, anscheinend schlagartig den Raum verlassen. Der Receiver war wohl noch an, der Fernseher aus, eine maßgebliche Fernbedienung war nicht auffindbar. Das bedeutete, dass mir, als ich irgendwie anschaltete, Bernd das Brot erschien und anfing mich zu beschimpfen, während ich panisch die fehlende Fernbedienung suchte, um umzuschalten. „Hey, hier ist Sendeschluss", rief er, „hier kommt nix mehr!" Ja, ja, Bernd. „Ihr guckt euch wohl jeden Scheiß an, oder?", machte er weiter. Nur wenn ich muss, dachte ich. „Wieso schaltet ihr nicht ab? Findet ihr die Fernbedienung wieder nicht, oder was?" Ich fuhr herum, suchte eine versteckte Kamera und antworte dem Brot im Fernsehen laut und deutlich: „Genau, Bernd! Was meinst du wohl, warum ich so hektisch hier im Wohnzimmer umherlaufe und ein Kissen nach dem anderen umdrehe. Glaubst du allen Ernstes, dass ich freiwillig den KIKA-Sendeschluss ansehe?"

Ich schaute mich um, um mich zu vergewissern, dass nicht plötzlich eins meiner Kinder von meinem lauten Gespräch mit einer brotförmigen Puppe geweckt worden wäre und sich schlimme Sorgen um den Zustand seiner Mutter machen müsste. Bernd das Brot verstummte für einen Moment. Noch bevor er weitermachen konnte, gelang es mir, umzuschalten. Puh! Das war gerade noch mal gut gegangen. Die Tagesthemen waren das reinste Zuckerschlecken gegen das Abendprogramm des Kinderkanals. Inzwischen habe ich mich wieder mit Bernd versöhnt – man weiß ja nie, für was man ein depressives Brot, das beim Fernsehen arbeitet, noch mal brauchen kann!

Eigenleben

Manchmal macht meine Wohnung mir Angst. Sie führt mitunter ein derart ausgeprägtes Eigenleben, dass mich der Verdacht beschleicht, sie käme gut ohne mich aus oder brauchte uns nur als Dienstboten!

Die Spülmaschine zum Beispiel gibt mir mit einem lauten Piepsen zu verstehen, dass sie fertig ist. So ähnlich wie bei der Goldmarie die fertigen Brote aus dem Ofen riefen „Ach, bitte, zieh uns raus! Wir sind schon längst fertig gebacken", fordert mich das Gerät auf, es auszuräumen. Nicht höflich wie die Brote, sondern mit einem knappen Pfiff – vorzugsweise dann, wenn ich es mir gerade mal auf der Couch gemütlich gemacht habe. Ein leises, vogelähnliches Piepen geben auch unsere Rauchmelder von sich, wenn die Batterien leer sind. Als ich das zum ersten Mal hörte, lief ich stundenlang durch die Wohnung auf der Suche nach einem armen, verirrten Vogelkind, das sich hinter einem Regal versteckt hatte. Irgendwann dämmerte mir dann, dass es der Rauchmelder war, der unaufhörlich fiepende Laute von sich gab, und nun hat mich das Gerät so gut erzogen, dass ich beim ersten Geräusch, das es macht, die Batterien wechsele. Doch es sind nicht nur Geräusche, die unser Haus beleben, nein, das Gebäude und sein Inventar geben auch geheime Lichtzeichen wieder: das Telefon meldet mit einem roten Licht, wenn jemand in Abwesenheit angerufen hat, der AB fängt schon beim ersten Klingeln eines jeden Anrufs an grün zu blinken und hört nicht mehr auf damit, bis er zurückgestellt wird. Von der Bürogalerie leuchtet am Abend das grelle Blau der Internet-Box nach unten, während der Multifunktionsdrucker sich grundlos mit einem lauten Seufzer noch einmal meldet, bevor er sich mit wilden Leuchtsignalen zur Ruhe begibt.

In einer Kurzgeschichte las ich einmal „Es ist, als bewohnt das Haus sich selbst." Bei uns scheint es sogar, als ob das Haus und seine Geräte sich uns untertan machen wollten. Neulich drückte meine Waschmaschine ganz deutlich ihren Unmut aus: „Menge kontrollieren", beschwerte sie sich oder „Waschmittel zu hoch dosiert". „Ich wasche jetzt seit dreißig Jahren", baute ich mich vor dem teuren Markengerät auf, „und ich kaufe mir bestimmt nicht den Marktführer, damit er mir erzählt, was ich tun und lassen soll." Die Maschine zeigte sich unbeeindruckt. Ich holte den Kundendienst. Das war eine Sprache, die das Gerät verstanden hat. Er programmierte sie um, auf „Klappe halten und waschen" oder so ähnlich. Seitdem ist jedenfalls Ruhe. Die Waschmaschine steht im Keller, und da ich die Zeit nicht immer im Kopf habe, gehe ich manchmal zu früh und damit umsonst nach unten, was ein wenig ärgerlich ist. „Lege dir doch eine Klingel vom Keller nach oben, die dich alarmiert, wenn die Wäsche fertig ist", war ein wohlgemeinter Rat einer guten Bekannten. Ich weiß nicht, ob ich das auch noch will. Ich bin froh, dass die Maschine im Keller steht und mich nicht zusätzlich zu den anderen Geräten in der Wohnung belästigt. Dabei soll doch alles der Erleichterung dienen. Manchmal scheinen die einfachen Dinge des Lebens die schwierigen zu sein und man muss diebisch aufpassen, dass man nicht zum Knecht der vermeintlichen Zauberdinge wird, die man selbst geschaffen hat.

Das sah übrigens vor etwa 150 Jahren auch schon jemand so: Es ist überliefert, dass ein hoher Herr, der ein Haus voller Dienstboden hatte, nach denen er nur läuten musste, wenn er etwas wollte, seinem Besuch, darunter der Maler Pierre-Auguste Renoir, stolz einen der ersten Telefonapparate vorführte. Er ließ sich anrufen, stand auf, ging zu dem Gerät und nahm ab. Stolz wollte er wissen, was der berühmte Gast dazu zu sagen hatte. „Je vois", antwortete daraufhin der Maler, denn die Szene spielte in Frankreich, „on vous sonne, vous vous levez et vous vous précipitez pour recevoir vos ordres. – Ich verstehe, man läutet nach Ihnen, Sie stehen auf und tummeln sich, um Ihre Anweisungen zu erhalten." Im 21. Jahrhundert, so mit zwei Telefonen, einem Fax-Gerät, einem I-Pad und einem I-Phone klingelt, piept und pfeift es eigentlich ständig irgendwo. Fast häufiger, als man laufen kann! Oh, Schluss für heute! Die Spülmaschine ruft nach mir!

Vielleicht sollte man viel öfter einfach mal abschalten! Und zwar alles. Richtig.

Immer ich!

„Immer ich!" – Jeder von uns, der mit mindestens einer Schwester oder einem Bruder aufgewachsen ist, kennt das, oder? Und jeder von uns mit mehr als einem Kind im Haus kennt das auch. Wenn nicht: herzlichen Glückwunsch! Ich habe eine Schwester und einen Bruder, und wenn man uns getrennt voneinander befragen würde, würde heute, wo wir alle die Vierzig längst überschritten haben, jeder von uns behaupten, als Kind am meisten gearbeitet zu haben. Gearbeitet haben zu müssen. Mit dem feinen Unterschied, dass ich natürlich recht hätte. Und mit der Ausnahme, dass meine Schwester und ich uns einig wären, dass unser kleiner Bruder definitiv überhaupt nichts tun musste, was er wiederum vehement bestreiten würde. So weit, so normal. Und so normal, so unvergänglich. Heute habe ich selbst drei Kinder. Geschichte wiederholt sich. „Immer ich", höre ich daher ständig – dabei wäre, so wie früher schon, natürlich immer noch ich die Einzige bei uns, die das berechtigt sagen dürfte. Was nun vermutlich mein Mann vehement bestreiten würde.

„Hol doch mal bitte was zu trinken aus dem Kabüffchen!" – „Immer ich". „Räum doch mal den Tisch ab!" – „Immer ich". „Geh doch mal bitte in den Keller und hole Pommes aus dem Frost" – „Immer ich". Ganz egal, welches meiner Kinder man sich da vorstellt, es ist immer richtig. Und ich? Ich lamentiere: „Es ist doch nicht für mich, sondern für uns alle!" Häh? Kein Argument, mit dem man pubertäre Jungs auch nur ansatzweise beeindrucken würde. Allenfalls erntet man verständnislose Blicke, die den Verdacht enthüllen, es könne sich bei den wirren Äußerungen der Erziehungsperson bereits um beginnende Altersdebilität handeln. Genauso ungehört verpufft die Frage „Wer hat die Klopapierrolle leergemacht und keine neue eingehängt" im großen Nirwana der Aufgaben, die man gerne jemand anderem überlässt. Meistens mit Erfolg. Da greift man auch schon mal zu einem kleinen Trick: Wenn man das letzte Blatt, wissen Sie, das, was so ein bisschen festgeklebt ist und unwiderruflich und todsicher das Ende der Rolle bedeutet, seinem Nachfolger auf dem Thron überlässt, hat der die A-Karte, fast im wahrsten Sinne des Wortes! Oder wenn man die O-Saft-Flasche bis auf zwei kleine Schlückchen stehen lässt: „Die war doch noch gar nicht leer! Ich weiß gar nicht, was du immer hast." Schlaue Kinder, wirklich. Allesamt Männer mit Delegationsqualitäten! Manchmal hilft trotz aller Tücke nur noch ein schlichtes „Wie, der Mülleimer war voll? Hab' ich gar nicht gesehen" oder „Wollte ich grade machen, aber du warst ja schon wieder schneller." Auch schön. Da hat man es sich dann selbst vermasselt und beklagt sich noch. Immer ich, übrigens. Wer sonst? Zu den vorübergehenden Symptomen wie einer spontanen Verschlechterung des Sehvermögens gesellen sich gerne auch mal Wahrnehmungsstörungen: „Wie, die fünf Duschgelflaschen in der Dusche waren alle leer? Hab' ich gar nicht gemerkt!"

Und wer kauft bei uns ein? Immer ich! Vielleicht sollte ich als lernender Mensch mir etwas bei der jüngeren Generation abschauen, denn die hat's echt drauf: „Wie, die Müsli-Riegel waren alle? – Hab' ich gar nicht gemerkt!" „Wie, die duplos und hanutas auch?!" „Ach, kein O-Saft mehr da? Sag bloß! Ich trinke ja nur Wasser und Wein, wisst ihr ja!"

Manchmal gibt es auch schöne „Immer ich's". Zum Beispiel auf die Frage, wer alle vierzehn Tage diesen schönen Platz in der OZ besetzen darf: immer ich! Und wer soll das lesen? Hoffentlich immer Sie!

Tage wie dieser

Kennen Sie diese Tage, wo schon früh um sechs klar ist, dass das heute nichts wird?

Man kommt nicht aus dem Bett, obwohl vom Vortag und vom Vorvortag und von noch viel früher die Arbeit wartet, man stolpert über den nicht fachgerecht geleerten und weggeräumten Wäschekorb, man rennt zum Bad, das von einem Kind besetzt ist, das ausgerechnet heute den seit vier Jahren gehegten Plan, früher aufzustehen, in die Tat umgesetzt hat. Die Kaffeemaschine kommt nicht in die Gänge und bettelt mit roten Lämpchen um Aufmerksamkeit, die Brille findet sich nicht, das Mineralwasser ist alle – was soll nur werden? Der Laptop tut sich schon beim Hochfahren besorgniserregend schwer und sieht seine Abenddämmerung am Morgenhimmel heraufziehen.

Schon ist es Zeit, die beiden anderen Kinder zu wecken, die keinen Plan zum frühen Aufstehen haben und diesen folgedessen auch nicht in die Tat umsetzen können. Man nervt sich gegenseitig, bis alle aus dem Haus sind, und wie zum Hohn beschließt der Rechner seinen Geist aufzugeben. Aus die Maus. Die offenen Aufträge räkeln sich in ihren gemütlichen Mappen und kehren zurück in den Schlafmodus – „das wird heute wieder nichts", scheinen sie sich mit wissendem Blick zuzuraunen -, der Laptop verweigert nachhaltig die Mitarbeit. Die Kinder kommen zurück, der Schulbus ist ihnen weggefahren. Man bringt sie schnell in die Schule – bei der Gelegenheit kann man dem anderen Kind auch eben die vergessenen Sportsachen vorbeibringen und fürs Mittagessen einkaufen. Stunden später. Zuhause, besser gesagt im „Home Office", angekommen, steigt man auf den Laptop des Ehemannes um, der jedoch auch seine Macken hat. Kaum ist ein Text fertig, schaltet der um auf Blue Screen (das ist für Computer so etwas wie gleichzeitig Schlaganfall und Herzinfarkt für Menschen), weg ist das Dokument, das natürlich noch nicht gespeichert war. Neustart! Vielleicht klappt es ja jetzt! Dauert auch nur gefühlte Ewigkeiten, in der Zeit könnte man auch noch mal an dem anderen Laptop sein Glück probieren. Ein kurzes Seufzen, so nach dem Motto „Ich würde ja gerne, aber ich bin so alt und schwach und so furchtbar zugemüllt", dann ist wieder alles schwarz auf dem Bildschirm, und ich wundere mich darüber, wie schnell man seiner kleinen schwarzen Kiste menschliche Eigenschaften und Fertigkeiten wie keine Lust haben und sprechen können zuordnet. Will mir mein Laptop vielleicht sagen, dass nicht nur ihm, sondern auch mir alles zu viel ist? Will er mich dazu zwingen, einen Gang zurückzuschrauben? Und die wichtigste Frage: Kann er das? Der geistige Verfall folgt dem digitalen auf dem Fuße. Mit schwant Übles.

Ein Blick auf die Uhr offenbart Schreckliches: Seit vier Stunden kreise ich nun schon um mein Chaos und die widerborstigen Laptops und es ist nichts Produktives passiert. Da weiß man doch, wofür man um sechs Uhr aufgestanden ist! Es naht der Mittag. Leider hat man in der beginnenden geistigen Umnachtung am Morgen den Reis im Supermarkt stehen gelassen. Warum wundert mich das nicht? Nun aber schnell noch mal los!

„Hey", höre ich es hinter mir, als ich so mit Tunnelblick auf das Reisregal zusteuere (wäre ich eine Comic-Figur, hätte ich noch so Gewitterwolken um den Kopf rum, mit Blitzen und Totenköpfen), „was ich dir schon immer mal sagen wollte – deine Kolumnen sind echt toll. Ich freue mich jedes Mal!" Ein Lob? Für mich? An so einem Tag? Die Sonne geht auf. Die Blitze und Totenköpfe werden zu Blümchen und Schmetterlingen. Danke! Danke! Danke!

Wir sollten viel mehr Komplimente machen, finden Sie nicht? Also, ehrlich gemeinte natürlich, solche, die man sonst für sich behält. Die tun nämlich richtig gut – gerade an Tagen wie diesem, wo sie unerwartet für einen kleinen oder großen Lichtblick sorgen.

High Life

„An den Kindern merkt man, wie die Zeit vergeht!" Diesen Spruch hörten wir früher immer auf unseren sonntäglichen Spaziergängen mit unseren Eltern, sobald wir anderen Leuten begegneten. Ihm voraus ging mit Blick auf meine Geschwister und mich die Frage „Sind das eure?" – eigentlich überflüssig, denn welche Familie mit drei Kindern würde sich sonntags wohl drei andere zum Ausführen einladen?! Wir Kinder wussten überhaupt nicht, was die Leute meinten. Wir fanden, die Zeit kriecht wie eine Schnecke und es dauert noch ewig, bis wir frei und erwachsen sein würden. Frei UND erwachsen, ja das dachten wir! Süß, oder?

Heute weiß ich natürlich, was die Erwachsenen damals meinten; auf dem Weg zur Erkenntnis halfen mir ein paar Jahrzehnte und drei eigene Kinder, von denen jetzt ganz plötzlich und ohne jeder Vorwarnung eines im schwarzen Anzug, mit Businessschuhen in Größe 46 und einer Fliege vor mir stand. Dabei war es doch kaum gestern, dass ich ein winziges Bündel mit wenigen Haaren und einem mintfarbenen Frotteestrampler des Alsfelder Krankenhauses in den Armen hielt und mein Glück über dieses kleine Leben kaum fassen konnte! Wo sind nur all die Jahre hingekommen, fragte ich mich, wohlwissend, dass sie weder ereignis- noch spurlos an uns vorbeigegangen waren. Ach, und wie wird man rührselig an so einem Tag, der sich Konfirmation nennt und der in unserer Gesellschaft einen ersten Meilenstein in Richtung Erwachsenwerden darstellt. Nicht umsonst fragt meine 95-jährige Oma nicht etwa „Wann werden die Kinder konfirmiert?", sondern „Wann kommen sie aus der Schule?", was zu ihrer Zeit noch ein und dasselbe war – mit allen Konsequenzen: Verlassen des Elternhauses, Ausbildung, der Beginn irgendeiner Arbeit, meistens einer schweren. Heute sind die Kids zum Zeitpunkt ihrer Konfirmation knapp über der Halbzeit ihrer Schulzeit angelangt, und ihr Leben wird längst nicht so schwer werden wie eines vor fast hundert Jahren. Aber leicht wird es wahrscheinlich auch nicht, dazu ist das Leben wohl nicht gemacht...

Ja, ja, die Schwermut! Während der Konfivorbereitungen tauchte wie von Geisterhand das Foto eines Konfirmanden aus dem Jahr

1978 auf. Ein junger Mann, unserem heutigen Konfirmanden nicht unähnlich, stand in einer Kombination aus grauer Hose und blauem Samtsakko mit Fliege (!) vor der Altenburger Schlosskirche und blickte in eine ungewisse Zukunft, von der nun schon ein großes Stück vorbei ist! Fotos von mir als Konfirmandin hielt ich wohlweislich unter Verschluss, denn im Gegensatz zu den heutigen jungen Damen, die sich in Cocktail- oder gar in Abendkleidern präsentieren können, mussten wir züchtige schwarze Kostüme und weiße Blüschen tragen – alles Teile, die wir später nie wieder brauchten, genauso wenig wie ein mit Seidenblumen geschmückter Haarreif (in den erstmals dauergewellten Haaren), den man damals so nur von den Metzgereifachverkäuferinnen einer großen Lebensmittelkette kannte. Sehr peinlich.

Und dann die Geschenke! Während die Jungs schon damals in erster Linie ihre technische Ausstattung in Form einer Stereoanlage verbesserten (nein, liebe Leser unter fünfundzwanzig, falls ihr anwesend sein solltet: damals, quasi kurz nach dem Krieg im Jahr 1981, gab es noch keine Computer, Tablets oder Smartphones, die man aufrüsten konnte), bekamen wir Mädchen allen Ernstes immer noch Aussteuer (AUSSTEUER!!!) geschenkt – für unsere zukünftigen Männer gleich mit: Doppelte Bettwäsche in dem damals hochmodernen Dessin „Braune Trauerweiden auf beigem Grund" (vermutlich der Grund für die in meiner Generation rasant angestiegene Scheidungsrate in Deutschland) oder moosgrüne Frottierware mit den in Schreibschrift eingestickten Worten „Sie" und „Er". Damals, also mit vierzehn, fragte ich mich, warum ich mir für „IHN" (für wen eigentlich genau?) etwas schenken lassen sollte, während „ER" seit der Konfirmation mit seinem nagelneuen Ghettoblaster inklusive der neuesten „High Life"-Kassette (ja, Kassette!) um die dörflichen Häuser zog! Eine Frage, die zu Beginn des Erwachsenenlebens nicht unerheblich ist, wie sich später noch zeigen sollte.

Was sich die Jugendlichen heute so fragen, teilen sie nur noch bedingt mit ihren alten Eltern – Loslassen üben, heißt das wohl!

DAS MIT DEN MÄNNERN UND DEN FRAUEN

Frauenwoche

Wie viel Geld ist ein Mann rein materiell gesehen wert? 3,85€! Warum? Zwei Überraschungseier und ein Kümmerling! Finden Sie nicht witzig? Sollten Sie aber, denn es ist heute das einzig Witzige in meiner Glosse, noch dazu geklaut, wie der ganze Rest, den ich in Büchern, Zeitschriften und dem Internet gefunden und bei zahlreichen Veranstaltungen gesammelt habe. Der Witz stammt übrigens von der „Männerfeindlichen Frauengruppe Hofgeismar", die uns in regelmäßigen Abständen im Hessischen Rundfunk erleuchtet, und er deutet an, wohin die Reise heute geht, nämlich in die letzten Ausläufer der zu Ende gegangenen Frauenwoche. Und, ja, man braucht sie noch, die Tage des Erinnerns und

Wachrüttelns, was schon daran ersichtlich wird, dass Frauen aller Parteien sich zumindest im Kern darüber einig sind, dass noch nicht alles rund läuft mit den Männern und den Frauen und der „gleichberechtigten Teilhabe in der Gesellschaft und auf dem Arbeitsmarkt".

Schon ein Blick zurück verdeutlicht die Absurdität: In der alten BRD ging bis 1953 das Vermögen der Frau bei Heirat automatisch in den Besitz des Mannes über. Mit dem 1957 beschlossenen Gleichberechtigungsgesetz wurde nur augenscheinlich mit der Diskriminierung aufgeräumt: Frauen durften zwar erwerbstätig sein, allerdings nur „soweit dies mit ihren Pflichten in Ehe und Familie vereinbar" war. Raten Sie mal, wer das zu beurteilen hatte... Bis Ende der 60er-Jahre (also ungefähr zeitgleich mit der ersten Mondlandung) durften Frauen nur mit Zustimmung des Vaters oder des Ehemannes ein eigenes Konto eröffnen. Und noch bis 1977 mussten Frauen ihre Ehemänner um Erlaubnis bitten, wenn sie arbeiten und eigenes Geld verdienen wollten. Da war ich zehn Jahre alt, und mein Vater hatte meiner Mutter gnädigerweise erlaubt, kostenlos in unserem Laden mitzuarbeiten. In ihre Rente musste er auch nichts einzahlen, da meine Mutter sich das Bisschen, das sie aus ihrer vorehelichen Erwerbstätigkeit erwirtschaftet hatte, hatte ausbezahlen lassen, um es in das gemeinsame Haus zu stecken, das allerdings auf meinen Vater lief, wobei übrigens keiner irgendetwas Unrechtes fand. Im Gegenteil, es war gängige Praxis. Dafür bekommt sie nun im Rahmen der „großen Witwenrente" 60% seiner Rente, während eine „große Witwerrente" 100% der eigenen Rente vorsieht. Und nun wissen Sie auch, für wen sich der Gesetzgeber die Altersarmut ausgedacht hat! Vermutlich aber soll dem alleinstehenden Mann auch nur ermöglicht werden, sich nach dem Wegfall der kostenneutralen Ehefrau eine in einem prekären Arbeitsverhältnis beschäftigte Haushälterin zu leisten, womit wir endgültig in der beruflichen Realität von Frauen im Jahr 2012 angekommen wären.

Auch heute noch sind die Erwerbsbiografien von Frauen durchzogen von Brüchen: mehr oder weniger freiwillig verlängerten Kinderbetreuungszeiten, in deren Anschluss sich Frauen häufig mit Minijobs, Teilzeitjobs oder Arbeitsplätzen im

Niedriglohnsektor zufrieden geben müssen. Der jährliche Blick auf die Rentenberechnung spricht Bände. Und so kommt es, dass auch heute jede dritte Frau von ihrem Partner finanziell abhängig ist, und das nicht nur wegen der immer noch weitgehend bestehenden Unmöglichkeit der Vereinbarung von Familie und Beruf, sondern auch, weil Frauen in Deutschland 23% weniger Geld verdienen als Männer. Ein Viertel!? Ich glaube an das Gute im Menschen und kann mir nicht vorstellen, dass es viele Männer gibt, die das in Ordnung finden. Aber warum läuft es so? Etwa, weil 55% aller Frauen sich auch heute noch wünschen, dass ihr Partner mehr Geld verdient als sie, oder weil 60% von ihnen denken, dass Frauen mit Geld Männer einschüchtern? Warum sind nach Angaben des Bundesministeriums für Familie, Senioren, Frauen und Jugend (Männer scheint es als Problemfälle tatsächlich nicht zu geben, sonst würden sie sicher auch ein eigenes Ministerium beschäftigen...) nur 27 % der Führungspositionen von Frauen besetzt, wenn doch alle Welt vollmundig von den Vorteilen weiblicher Führungskompetenz schwärmt? Bis zu den Großkonzernen haben sich die auf jeden Fall noch nicht herumgesprochen, dort arbeiten in den Vorständen und Aufsichtsräten fast ausschließlich Männer: In den 200 größten deutschen Unternehmen sind 10,6% der Aufsichtsratspostionen und nur 3,2% der Vorstandspostionen mit Frauen besetzt. Können Sie noch? Wollen Sie auch wissen, wie es in der weiten Welt aussieht? Viel schlimmer als bei uns, so viel ist mal klar. Jenseits von Gewalt und Unterdrückung regen vielleicht auch noch die folgenden Zahlen zum Nachdenken an: Dreiviertel aller armen Menschen weltweit sind Frauen. Frauen erledigen 2/3 der Arbeit auf der Welt, verdienen aber nur 10% des Einkommens und besitzen gerade mal 1% des Eigentums. Und wie kriege ich jetzt nach all der Jammerei noch die Kurve zu einem locker-leichten Ausstieg aus meiner Kolumne? Gar nicht! Locker-leicht ist erst in zwei Wochen wieder!

Sex sells

Neulich fuhr ich in die Schwalm. Mein Weg führte durch Münch-Leusel. Münch-Leusel ist der kleinste Stadtteil von Alsfeld und hat 70 Einwohner. Umso mehr verwunderte es mich, dass es gerade hier wohl etwas zu mieten gab, das man in so einem kleinen, beschaulichen Dorf gar nicht vermutet hätte: nämlich Frauen oder zumindest Dekolletés (nicht, dass ich das nötig hätte). Auf einem Schild hoch über der Straße prangte es und, ja, auch auf die Gefahr hin, mich zu wiederholen, ich war verwundert. Ein tief ausgeschnittenes Dekolleté mit knallrotem (vermutlich) Lack-BH fordert die Vorbeifahrenden auf: „Miet mich!" Wie bitte? Schließlich dämmerte es mir: Mann sollte gar nicht die Frau oder das Dekolleté mieten, nein, Mann sollte das Werbeschild mieten, auf dem die Frau abgebildet war. Genauso wie Mann immer das Sportauto kaufen soll, auf dem sich eine leicht bekleidete Frau räkelt oder die Motorsäge, die eine Leder-Hotpants und sonst nichts tragende Frau im Wald schwingt.

Nee, is' klar, ne: nackte Frau und Motorsäge, nackte Frau und Auto und nackte Frau und Plakatwerbung hängen ja ursächlich zusammen. Hatte ich nur kurz vergessen. Dabei ist es eine bekannte Werberweisheit: Sex sells – Sex verkauft. Aber nur mit Frauen komischerweise. Was will uns das sagen? Und warum räkeln sich minimal bekleidete Frauen immer nur auf Männerautos und nicht minimal bekleidete Männer auf Frauenautos? Ich meine, so jemand Knackiges, Männliches auf 'nem kleinen Polo oder Mini könnte man, in dem Fall (einmalig, weil ich das immer so zwanghaft finde) auch frau sich durchaus vorstellen, oder? Wird aber nicht gemacht, und warum nicht?

a) weil sich kein Mann findet, der sich räkeln will, oder b) weil Frauen ihre Kaufentscheidung nicht unterhalb der Gürtellinie treffen oder c) weil Werbung immer noch hauptsächlich ein Männerjob ist.

Nun darf man fröhlich raten und gleichzeitig auch darüber streiten, warum nackte Frauen bei klassischen Männerartikeln erfolgreicher werben als umgekehrt. Eine Frage, die sich mir – zumindest ansatzweise - schon als Kind stellte, wann immer ich in einer Autowerkstatt war und ganz verwundert die berühmtberüchtigten Stihl-Kalender anschaute. Heute werben aber auch ganz andere als nur so richtig kernige Industrien mit nackten Frauentatsachen: der IT-Spezialist Huawei wirbt mit einem halbnackten Frauen-Po und der Aufforderung „Make it possible" für etwas, das sich mir aus seiner Anzeige leider nicht erschlossen hat, die Firma A&O-Hostels wirbt für ihre „sexy Preise" mit einem Frauenslip, auf dem steht „24 hours open". Geht's noch? Audi zeigt eine schematische Frauenbrust unter dem Motto „Designed to thrill", der Parfümhersteller Tom Ford benutzt den Flacon seines neuen Herrenduftes schamlos als Minimalausgabe eines Feigenblattes – natürlich nicht an einer Männerlende. Dabei wird die Wirkung solcher Werbung längst bestritten: „Die positive Aufmerksamkeit, die durch erotische Werbung erzielt werden soll, tritt in vielen Fällen nicht ein", bemerkt laut einem Bericht des Spiegel Gert Gutjahr vom Marktforschungsinstitut IFM. Und nun dürfen Sie mal raten, woran das liegt! Männer werden durch attraktive, leicht bekleidete Frauen vom beworbenen Produkt abgelenkt und können sich später nicht mehr an den Namen der Marke erinnern. Warum wundert mich das jetzt nicht?

Es bleibt also zu hoffen, dass auch in den verzweifelten Kampf um die Aufmerksamkeit der Konsumenten irgendwann ein kleines, nur ein kleines bisschen Vernunft und ein wenig mehr Respekt einziehen. Mein Sohn findet diese Art der Werbung übrigens völlig sinnfrei. Ich danke ihm und setze all meine Hoffnung in die mit ihm heranwachsende Männergeneration. Vielleicht habe ich ja doch nicht alles falsch gemacht.

Frauen boykottieren nach den Studienergebnissen des IFM übrigens gerne Marken, die frauenfeindlich und sexistisch werben. Wäre doch mal eine gute Idee für den Wochenendeinkauf, oder?

Quoten

Ja, ich gebe es zu: ich hatte schon frauenbewegtere Zeiten! Zeiten, in denen ich Frauenliteratur verschlang (Welche Ex-Emanze in meinem Alter erinnert sich nicht an den Klassiker „Wenn Frauen zu viel lesen"? Pardon, „ zu sehr lieben"?), die EMMA abonniert hatte und keiner Diskussion auswich, weder mit Männern noch mit Frauen. Frauen, die kaum, dass sie Mutter geworden waren, jede Party frühzeitig verließen um mit dem süßen Nachwuchs nach Hause zu gehen. Freiwillig, wie sie sagten, und nach tiefgründiger Reflexion. Später würde ich es mit Freuden genauso machen, doch das wusste ich mit Anfang zwanzig noch nicht. Irgendwann jedoch machte sich das Leben bei mir und meinen emanzipierten Freundinnen breit. Die meisten von uns nahmen – so wie ich – nach reiflicher Überlegung und einigen Themenabenden bei der Hochzeit den Namen ihres Mannes an, und bald wollte keine mehr die von mir auf unseren traditionellen Weihnachtsfeiern verschenkten Frauenkalender aus dem EMMA-Verlag haben. Plötzlich hatten alle ein Filofax, einen Lehrerkalender oder gar einen von der BRIGITTE! Aus diesen wurde die Frauenweihnacht bald zugunsten von Weihnachtsbesuchen mit Kind und Kegel bei Eltern und Schwiegereltern gestrichen.

Zeit, sich wieder mal an diese wunderbaren Tage zu erinnern, dachte ich neulich, als ich anlässlich des Internationalen Frauentages unterwegs war und sehr wehmütig an meine glorreiche Vergangenheit als Emanze zurückdachte. Da reicht es natürlich nicht nur, sich am 8. März in sein lila Mötzchen zu schmeißen, da muss man auch die Diskussion suchen! Die über die Quote, zum Beispiel. Denn es gibt sie doch! Die Männerquote jedenfalls, und sie steht meiner Meinung nach viel zu selten im Mittelpunkt der Betrachtungen. Sie fragen sich, wo es diese Quote gibt? Na, überall! Oder ist es vielleicht keine Männerquote, die in Wirtschaft und Politik herrscht? Nur weil sie in vielen Bereichen und je höher die Jobs dotiert sind gegen 100% strebt, ist es doch eine Quote! Eine, die sogar freiwillig festgelegt wurde und eingehalten wird! Wie das wohl funktioniert? Sind die Männer einfach disziplinierter als wir Frauen? Nach dem Motto, wenn einmal etwas festgelegt wurde, dann ziehen wir das auch durch?

Das würde auch erklären, warum sie sich so vehement gegen die Einführung einer Frauenquote wehren.

An den viel zitierten Qualifikationen kann es ja nicht liegen, denn die meisten Studien bescheinigen inzwischen den Frauen bessere Schul- und Studienabschlüsse als den Männern. Und wenn man sich anschaut, was die Männer in der Wirtschaft und in der Politik so leisten, dann ist die Mär von den Qualifikationen ohnehin vom Tisch, eher hat man den Eindruck, dass auch die schlechtesten Kerle noch die Jobs bekommen, nur um die selbstauferlegte Männerquote zu erfüllen. Da kriegt man eben nicht nur die Besten! Fragt sich, wo die Frauen nach der Schule, dem Studium oder den ersten Berufsjahren stecken bleiben? Selbst in klassischen Frauenberufen wie zum Beispiel bei den Friseuren sind die Anteile an männlichen Chefs, Innungsmeistern und Berufsschullehrern überdurchschnittlich hoch, und als ich neulich beim Altenburger Roten Kreuz war, saß kein einziger Mann beim weiblichen Fußvolk im Saal, dafür aber vier vorne an den Vorstandstischen! (Ja, ich weiß, wie schwer es ist, überhaupt jemanden für diese Jobs zu kriegen!) Manchmal, und das hätte ich vor zwanzig Jahren auch nicht zugegeben, beschleicht mich der Verdacht, dass es Frauen gar nicht so sehr an die Spitze zieht, dass sie einfach keine Lust haben, sich in den vor Testosteron vermeintlich nur so strotzenden Chefetagen zu behaupten und dafür ihre Freizeit, die Zeit mit ihrer Familie und ihre Lebensqualität zu opfern. Im Gegenzug dafür verzichten sie auf Geld, Ansehen und Macht. Auch auf die Macht, die Arbeitsbedingungen von Frauen zu verbessern, sei es, familienfreundliche Arbeitszeiten – auch in Managerkreisen – durchzusetzen oder mehr im Bereich der Kleinkinderbetreuung zu erreichen. Beides würde übrigens auch den Männern guttun.

Vielleicht führt diese Einsicht ja doch noch zu einer vernünftigen Quote!

Frauenfußball?

War da was? Ich meine, fußballtechnisch? Ach ja, die Dortmunder haben die Bayern besiegt! Ich finde, das ist echt mal eine gute Nachricht, selbst für so jemanden wie mich, die sich so gar nicht für Fußball interessiert. Nur die großen Turniere, also EM und WM, die lassen wir uns in unserem ansonsten fußballfreien Haushalt natürlich nicht entgehen. Dachte ich immer. Aber die Frauen-Fußball-EM in diesem Jahr, die hätte ich doch beinahe verpasst! So unspektakulär wie die auch anfing. Wann war das eigentlich genau? Gab's vorher irgendeine Sondersendung, ein Sammelheft mit Aufklebern, einen bunten EM-Planer? Alles Dinge, mit denen wir vor Beginn eines Männerturniers fast totgeschlagen werden – und hier? Nichts von alledem habe ich gesehen! Das Spektakulärste am EM-Start der Damen war in diesem Jahr die völlig missratene Werbung des ZDF, Sie wissen schon, Ball in die Waschmaschine und so.

Über Humor lässt sich ja nicht streiten, über das Frauenbild schon. Da verwundert es auch nicht weiter, dass Bernd Schmelzer, Reporter im Endspiel gegen Norwegen, über die norwegische Spielführerin Solveig Gulbrandsen sagte: „Tagsüber schießt sie Elfmeter und abends wickelt sie ihr Kind." Muss das sein oder sind Frauen verspannt, wenn sie keine Lust haben, auf Schritt und Tritt über irgendwelche Klischees zu stolpern? Könnte einem da vielleicht auch mal was anderes einfallen? Und wo blieb eigentlich Waldi mit seinem EM-Club? Traut sich wohl nicht, wenn so viele Frauen spielen! Dann hätte doch wenigstens Alice Schwarzer mal Format zeigen sollen und mit ihrer neuen Sendung „Alice im Fußballland" Zeichen setzen können für mehr Akzeptanz im Frauenfußball. Als Fachfrauen an ihrer Seite Katrin Müller-Hohenstein, Anne Will und Steffi Jones sowie als harmonisierender Gegenpart von der Männerfraktion der stets besonnene, charmante und charismatische Olli Kahn. Wo waren die, frage ich Sie! Und wo war eigentlich meine bügelnde Kollegin? Als ich merkte, dass sie aufgrund ihrer noch nicht lang zurückliegenden Operation am oberen Ende des Bügelarms keine Anstalten machen würde, für ihre Geschlechtsgenossinnen das heiße Eisen zu schwingen, habe ich meinen Mann bekniet, er möge doch bitte irgendetwas für die Fußballdamen tun! Autos waschen vielleicht oder IKEA-Regale aufbauen. Nichts passierte! Da ist es doch ein Wunder, dass unsere Frauen Europameisterinnen geworden sind, finden Sie nicht? Nirgends gab es auch nur ein Fitzelchen Unterstützung, keine Umfrage auf Alsfelds Straßen, in den Schwimmbädern oder den Fitnessstudios, kaum zwei Titelseiten auf der OZ, kein Public Viewing, das beispielsweise das Frauencafé hätte organisieren können.

Und wo waren eigentlich unsere Kanzlerin und unser Bundespräsident beim Endspiel? Nicht mal Kristina Schröder hielt es für nötig, Flagge für die deutschen Frauen zu zeigen! Was vielleicht auch besser war. Alles in allem aber würde ich sagen: schwach! Genauso wie die Prämie. Zwar haben sich die Fußballfrauen von dem legendären geblümten Kaffeeservice aus dem Jahr 1989 (nicht 1889, nein, 1989!) inzwischen etwas erholt, aber mit 22.500 Euro pro Spielerin sind sie von den 300.000 Euro, die jeder unserer männlichen Spieler im Falle eines EM-Sieges im letzten Jahr bekommen hätte, weit entfernt. In diesem Fall aber liegt die Betonung auf HÄTTE. So wie ständig bei den größten internationalen Turnieren, denn unsere Männer haben es ja bekannterweise – wieder mal – nicht gepackt. Trotz Hype, trotz Waldis EM-Club und trotz horrender Prämie. Ist eben nicht alles, wie man an dem Beispiel der Fußballfrauen wunderbar sehen kann. Denn was da zählt, das konnte die von Herrn Schmelzer zur Göttin erklärte Nadine Angerer ganz einfach – und im Gegensatz zu vielen ihrer männlichen Kollegen fehlerfrei - aufzählen: Leidenschaft, Freude, Lust und Teamspirit.

Multitasking

Eines Sonntags war es so weit: ich stand am Herd, über mir die Dunstabzugshaube, vor mir brutzelten die Rouladen. Ich hatte – wie immer – viel zu spät angefangen und war noch schwer mit meinen Semmelknödeln und dem Rosenkohl beschäftigt. Schließlich soll ja alles, wenn schon erst um halb zwei, dann doch zumindest zeitgleich, fertig werden. In meinem Kopf sortierte ich die ganze Zeit die noch zu erledigenden Schreibarbeiten und Hausaufgaben, das Radio lief, mein Mann versuchte sich mit mir über eine geplante Anschaffung zu unterhalten und mein Sohn über sein neuestes Computerprogramm. Die Zwillis sangen ein vergnügtes Lied – zumindest wollten sie keine Antwort von mir. Nebenbei räumte ich die Spülmaschine aus und ließ das Geschirr zum Tischdecken gleich draußen. Als dann auch noch das Telefon klingelte, wusste ich plötzlich, dass es Zeit ist, mit einem Mythos aufzuräumen. Dem Mythos vom Multitasking.

Dieser Mythos ist in zweierlei Hinsicht völlig falsch: Erstens wird er völlig überschätzt. Kein Mensch muss dauernd mehrere Sachen gleichzeitig machen, und kein Mensch kann mehrere Sachen gleichzeitig gleich gut machen. Nicht mal so sinnfreie Aufgaben wie Spülmaschineausräumen, Telefonieren und Essenkochen. Diese drei Tätigkeiten lassen – leider - schon darauf schließen, welche Hälfte der Menschheit meint Multitasking für sich gepachtet zu haben: die Frauen. Und sie sind auch noch stolz darauf! Sie schauen mitleidig auf die Männer, die so tun, als ob sie nur eine Sache gleichzeitig beherrschen, womit ich schon bei der zweiten Entzauberung des Mythos angekommen bin: Multitasking, wenn es das denn gibt, ist nicht geschlechtsspezifisch. Ich kenne Männer, die in unbeobachteten Momenten bei Tätigkeiten, die ihnen wichtig sind, durchaus multitaskingfähig agierten. Ja, da staunen Sie!

Ich weiß, ich riskiere Ärger mit diesen unglaublichen Enthüllungen, die mir vermutlich sowohl multitaskingfähige Frauen als auch multitaskingverleugnende Männer übelnehmen. Die einen, weil ich ihr vermeintliches Alleinstellungsmerkmal ankratze, die anderen, weil ich ihre Vermeidungsstrategie enthüllt habe. Dennoch, liebe Frauen, wir können von den Männern lernen: auf

Durchzug schalten, wenn wir gerade mit etwas beschäftigt sind und eine (männliche) Erkenntnis beherzigen: „Wer alles kann, muss auch alles machen." Zurückschalten heißt die Devise – ich werde es auf jeden Fall probieren, auch wenn ich mich selbst und meine Umgebung damit irritieren werde. Das bedeutet – jetzt mal abgesehen von den Hausfrauentätigkeiten – auch, nicht ständig, während ich am Laptop sitze und arbeite, Mails abzuholen und kurz mal der Einladung von Zalando zu folgen, mir die neuen Schnürstiefel mit Keilabsatz anzuschauen. Es bedeutet, nicht während der Computer hochfährt, schnell eine Beileidskarte zu schreiben, und nicht während der Online-Überweisungen mal eben mit meiner Mutter zu telefonieren. Der Begriff „Multitasking" ist übrigens, so haben meine Recherchen ergeben, auch gar nicht für Menschen gemacht. „Multitasking" heißt „Mehrprozessbetrieb" und bezeichnet die Fähigkeit eines Betriebssystems, mehrere Aufgaben „nebenläufig auszuführen", wie es in der Fachsprache wohl heißt. Dabei, so heißt es weiter, werden die verschiedenen Prozesse in so kurzen Abständen immer abwechselnd aktiviert, dass der Eindruck der Gleichzeitigkeit entsteht. Da haben Sie's: selbst die Computer können es also nicht wirklich, sondern sie tun nur so! Ich zumindest habe das durchschaut und werde versuchen, diese Anstrengung wieder alleine den Betriebssystemen zu überlassen.

Oh, eine Mail, bei Zalando gibt es rote Röcke, schnell mal checken...

Das noch und dann nur noch Monotasking!

Vatertag

Ja, ich weiß, es war auch Vatertag. Und ja, liebe Männer, ich finde auch, dass Sie – jetzt mal abgesehen von der völlig überschätzten und nicht für Sie alle zutreffenden Rolle in den DAX-Unternehmen – im öffentlichen und wirtschaftlichen Leben völlig unterrepräsentiert sind. Gehen Sie doch mal einkaufen – wen sieht man denn in den Lebensmittelmärkten, in den Cafés, auf Lesungen und in den Theatern? Schauen Sie sich nur in Geschäften und Katalogen den verschwindend geringen Anteil an Männerklamotten an – es ist ein Jammer! (Ich bin Ehefrau eines Mannes und Mutter dreier Söhne, ich weiß, wovon ich spreche). Natürlich könnte ich jetzt darüber klagen, wie wenig Sie eigentlich für die Binnennachfrage tun und dass wieder alles an uns Frauen hängen bleibt, aber es war ja Vatertag....

Also nehme ich mich heute ernsthaft und sorgfältig eines Männerthemas an, denn ich weiß, dass Sie auch in meiner Kolumne unterrepräsentiert sind. Das liegt allerdings nicht an mir allein. Ich könnte mir durchaus vorstellen, dass sich ein männlicher Kolumnist mit uns abwechselt. Natürlich in einem realistischen Verhältnis zum tatsächlichen Mitteilungsbedürfnis von Frauen und Männern, sagen wir also, so alle fünf bis zehn Wochen. Ob es aber jemals so weit kommt, steht nicht in meiner Macht. Dennoch habe ich eine erfreuliche Mitteilung für Sie, liebe Männer, auf die ich bei der Recherche nach einschlägiger Fachliteratur bei Frau Mück gestoßen bin. Sie denken jetzt vielleicht, na, da hat die Frau Schlitt sich wohl mal die „auto, motor, sport" angesehen oder gar den „Playboy", die Zeitschrift mit den tollen Interviews. Nein, meine Herren, es ist viel schöner, ich kann Ihnen sagen, die Ödnis hat ein Ende! Ich habe die GalaMen entdeckt! Und endlich bekommen Sie dort das geboten, was uns Frauen schon jahrzehntelang ins Haus flattert: junge, glatte Männer, gerade dem Konfirmandenanzug entwachsen, präsentieren Mode für Männer, die sich Schuhe für 600 Euro leisten können, männliche Models, die aussehen, als hätten sie das Brot nicht über Nacht (wie meine Oma sagen würde), zeigen Mode, die so aussieht, als wollte sie außer ihnen und ohne Gage auch keiner tragen.

Die GalaMen erklärt Männern den Unterschied zwischen der Haut ums Auge und der am Ellenbogen (wie der zwischen Aluminium und Alcantara) und „genauso wie man bei der Reinigung des Ferraris (!) für die Sitze ein anderes Pflegemittel als für die Felgen nimmt, lohnt es sich dementsprechend auch, in eine abgestimmte Hautpflegeserie zu investieren". So, liebe Männer, jetzt wissen Sie das auch mal (und auch nur, weil ich für Sie die GalaMen gelesen habe) und können endlich nachvollziehen, warum wir Frauen für die verschiedenen Stellen unseres ganz persönlichen Minis oder Zafiras so viele verschiedene Tiegelchen brauchen.

Überhaupt dient die Lektüre eines solchen Blattes grundsätzlich der Geschlechterverständigung. Im Fußballteil wird der bekannte Philosoph Berti Vogts zitiert: „Fußball kann allen Menschen helfen, das Leben besser zu verstehen, und gerade Frauen ein paar wichtige Dinge beibringen." Etwas ganz Wichtiges habe ich gelernt, als ein in meinem Leben nicht ganz unwichtiger Mann sich die Reportage mit Henning Baum anschaute. Während unsereine sich beim Anblick einer sich räkelnden, hinreißend dünnen und extrem definierten – sagen wir dem Bekanntheitsgrad und der vier Kinder halber – Heidi Klum drei Tage nicht am Spiegel vorbreitraut, die letzte Brigitte-Diät hervorholt und für viel, sehr viel Geld vermeintliche Anti-Cellulite-Mittel und hocheffeziente Gesichtsmasken erwirbt, war der männliche Kommentar auf einen beeindruckenden Six-Pack mit Megabizeps, martialisch hervortretenden Adern und einen lässigen Dreitagebart: „Scheißblatt". Chapeau, die Herren! Wieder was gelernt!

Frauenthemen

Die Frauenwoche ist zu Ende! Wer hat etwas davon mitbekommen? Und was hat sich seit der letzten Frauenwoche vor einem Jahr – abgesehen von Angie Merkels Wiederwahl und dem zweifelhaften und vermutlich völlig kompetenzfreien Aufstieg Uschi von der Leyens auf die Hardthöhe – getan? Ich meine, nicht viel: Noch immer verdienen Frauen in Deutschland knapp ein Viertel weniger als Männer. Dafür habe ich jetzt einen schönen wirtschaftsökonomischen Namen gefunden: „Gender Pay Gap". Dieser besagt, dass das Einkommen von Frauen nicht nur um 22% niedriger ist als bei Männern, sondern dass die Schere umso weiter auseinander geht, je höher die Qualifikation ist. In Führungsetagen liegt der Unterschied lt. Statistischem Bundesamt bei 30%. Bei niedrigeren Qualifikationen dagegen liegt die Differenz bei nur 10%. Was will uns das sagen, Mädels? Genau: anstrengen lohnt sich nicht so wirklich! Da sitzt man dann mutterseelenallein mit irgendwelchen Kerlen oberhalb der mühsam erreichten gläsernen Decke und bekommt vergleichsweise nix dafür. Gar nicht gut! So ist es auch verständlich, dass die Jungs da oben lieber unter sich bleiben wollen: nach unterschiedlichsten Statistiken sind nur etwa 20% der Führungskräfte weiblich. Die Männerquote in der deutschen Wirtschaft bleibt stabil, ohne dass sich auch nur ein von ihr gepuschter Quotenmann annähernd so schlecht fühlen würde wie den Quotenfrauen gerne suggeriert wird, dass sie es tun sollen.

Hört man darüber noch jemand jammern? Ich nicht! Man hat den Eindruck, die deutschen Frauen sind zufrieden, oder gab es Streiks, Demonstrationen oder Petitionen? Ein Blick auf das Programm der diesjährigen Vogelsberger Frauenwoche unterstreicht das: neben einigen wenigen politisch motivierten Veranstaltungen zu ganz bestimmten Frauenthemen wie Homosexualität und Frauen in Indien oder anderen Teilen der Welt stand für die hiesigen Frauen in erster Linie Happyness und Wellness auf dem Programm. Frauenthemen sind ganz offensichtlich so uninteressant geworden, dass man sich in der Frauenwoche lieber den Tieren zuwandte: Häusliche Gewalt gegen Tiere, Frauen im Tierschutz,

Gesund vegan leben – gleich drei Veranstaltungen kümmerten sich um deren verdientes Wohl, das hoffentlich auch die männlichen Tiere mit einschloss; wir wollen ja nicht kleinlich sein.

Wellness und Happyness in der Frauenwoche – prima, dachte ich, und begab mich nach einem ganz normalen (Frauen-)Tag mit Frühstück und Mittagessen machen, Wäsche waschen, Wohnung aufräumen und drei Zeitungsterminen am Samstag auf eine kleine Abendwanderung, die gemeinsam mit acht anderen Frauen zu einer netten Weinprobe führte. Endlich mal Zeit für die wirklich wichtigen Gespräche: Probleme mit Kindern in allen Altersklassen konnten wieder mal ausführlich besprochen werden, genauso wie die männliche Arbeitsleistung im Haushalt und wie gefährlich und folgenreich gerade für sie beispielsweise das Ausschütteln eines Teppichs sein kann. Fazit: Wir müssen unsere Männer besser schützen und sie gegebenenfalls von zu viel Hausarbeit fernhalten! Wir besprachen, wann der beste Zeitpunkt ist, im Frühling wieder mit dem Rasieren besonders und weniger exponierter Körperstellen anzufangen oder ob man über den Winter damit gar nicht aufhören sollte, und endlich, endlich erfuhr ich die Wahrheit über das mir bis dahin völlig unbekannte Phänomen der Dessous-Partys. Demnach hat es seine Vorteile, wenn man oder besser gesagt – und hier ein einziges, nur ein einziges Mal, weil ich wirklich kein Fan davon bin –frau ihre Dessous in privater Atmosphäre zusammenstellen kann. Dessous zusammenstellen? So was gibt's? Und was denken eigentlich Osteopathen, Masseure und Physiotherapeuten über die Unterwäsche und das Rasurverhalten ihrer weiblichen Kundschaft? Fragen über Fragen. Gut, dass es zu ihrer Klärung die Frauenwoche gibt!

Darauf einen kleinen Prosecco!

Männerthemen

Ja, ja, liebe Männer, ich weiß, Sie sind an dieser Stelle häufig hoffnungslos unterrepräsentiert und kommen inhaltlich hier wie in vielen anderen Bereichen des öffentlichen Lebens mehr als zu kurz. Doch auch Sie sollen sich an dieser Stelle repräsentiert fühlen! Also heute: Männerthemen! Männerhemen? Was ist das denn? Fußball? Autos? Computer? Motorräder, Grillen? Frauen? Sport? Ich sollte es wissen, schließlich lebe ich mit vier dieser Geschlechtsgenossen zusammen, und das schon recht lange, aber ehrlich: sie bleiben mir so unergründlich wie man es für gewöhnlich nur umgekehrt annimmt.

Wer jemals schon einen verzweifelten Ehemann in der Handtasche seiner Frau, sagen wir mal, nach einem Päckchen Tempo hat suchen sehen, der weiß: Welten treffen aufeinander! Und wer kennt sie nicht, die Fassungslosigkeit im Blick eines Mannes, wenn seine Frau mit einem Platten heimkommt und mit unschuldigem Augenaufschlag versichert: „Ich hab' gar nichts gemerkt."? (Ähnlichkeiten mit lebenden Personen der schreibenden Zunft sind nicht beabsichtigt und wären rein zufällig.) Eins steht fest: Männer haben es nicht leicht mit uns!

So weit, so klar. Was aber sind Männerthemen und wo informiert man sich als Ahnungslose am besten über sie? Zeitungsleserin, die ich bin, machte ich mich auf die Suche nach einschlägigem Material. Nein, nicht, was Sie meinen! Wir wollen ja seriös bleiben. Aber ich war tatsächlich versucht, mir einen „Playboy" zu holen, den Urvater aller Männermagazine – nur wegen der Interviews, versteht sich. Das hätte aber meinen finanziellen Rahmen gesprengt und bei meinen männlichen Mitbewohnern, sagen wir mal, für Verwirrung, wenn auch positive, gesorgt. Außerdem fand ich das Hochglanzblatt auch gar nicht – kein Wunder: in der Zeitschriftenabteilung im Supermarkt – der linken unteren Ecke in einem ansonsten mehrere Quadratmeter großen Regal – lagen gefühlte zwanzig Computer-Zeitschriften, fünfzehn Motorrad- und Autozeitschriften, zehn Sportzeitschriften und sage und schreibe drei Traktorzeitschriften. Das soll's also sein? Men's Health stand weiter oben im Regal, direkt neben Men's Fitness - leider zugedeckt von Women's Fitness und der Freundin und hoffnungslos unterdrückt von Landlust, Frau mit Herz, Gala, Verena, Brigitte, Anna und wie sie alle heißen. Ich warte übrigens heute noch auf die erste Männerzeitschrift namens Michael, Jürgen oder Klaus-Dieter, aber das nur am Rande. Denn genau da wurde sie wieder offenkundig, die Ausgrenzung des Mannes im öffentlichen Leben, die sich in diesem Zeitungsregal genauso manifestiert wie auf den letzten zehn Männerseiten in einem 500-seitigen Modekatalog oder in den Miniabteilungen der Schuhgeschäfte. Sie haben mein Mitgefühl, liebe Männer, besonders, was den letzten Punkt betrifft. Drei Regale Schuhe – das geht ja wohl gar nicht. Ich kümmere mich um Sie. Ich melde es der Genfer Menschenrechtskonvention.

Wie, Sie brauchen gar nicht mehr als drei Schuhregale? Liebe Männer, wie sollen wir denn da zusammenkommen, wenn unsere Basis so unterschiedlich ist? Ach, Sie shoppen im Baumarkt oder bestellen im Touratech-Katalog? Sie durchstreifen Globetrotter-Shops und Computerabteilungen? Wie sollen wir uns jemals verstehen?

Meine Freundinnen meinten, sich als Unbeteiligte in die gemischte Sauna zu setzen, könnte Aufschluss geben (warum und worüber auch immer), oder einen Tag als stille Beobachterin im Baumarkt zu verbringen. Doch plötzlich kam ich selbst drauf: vielleicht müssen wir uns ja gar nicht immer verstehen – schließlich sind es ja gerade die Unterschiede, die das Leben schön machen. Und leicht noch dazu: mir ersparen sie zum Beispiel Auto waschen und Waschmaschine reparieren, Rasen mähen, Garten umgraben und Getränkekisten hochtragen. Und das Beste: was meine Jungs nicht vershoppen, das bleibt alles für mich! Männer sind einfach klasse, finden Sie nicht?

ZUGABE

Abi-Treffen

Abi-Treffen – ein Wort von einer solch gewaltigen Assoziationskraft, dass es schon ganz ohne weiteren Text eine Glosse wäre. Intensivieren könnte man den Gedankenfluss, der mit diesem oder ähnlichen Worten wie Klassen- oder Jahrgangstreffen in Gang kommt, höchstens noch durch den süffisanten Zusatz „fünfundzwanzigjähriges". Aber für ein, zwei Worte und dann alles der Fantasie des geneigten Lesers überlassen werde ich ja nicht bezahlt (obwohl das durchaus seinen Reiz hätte), also los:

Regelmäßig, alle fünf Jahre wirft ein Ereignis seine Schatten voraus, in Stadt und Land, im ganzen Bundesgebiet und vereinzelt sogar in die weite Welt: Abi-Treffen – ein magisches Wort, mit dem man viele Erinnerungen und im Lauf der Jahre immer verklärtere Zeiten verbindet. Die Jugendjahre eben, was braucht's der Worte mehr?! Was hatten wir doch für Pläne und Träume, was waren doch alle über dreißig so schrecklich arriviert und wie wollten wir damals, 1986, wirklich nie, niemals werden? Und nun? Aus unserem wilden Camping auf einer Kleinsassener Wiese direkt nach dem Abi sind mit der Zeit immer schickere Locations geworden, die unser treues Organisationsteam dankenswerterweise immer wieder findet. Auch das Essen wird stets etwas feiner und aus uns, ja, aus uns sind richtige Erwachsene geworden, womit man vor fünfundzwanzig Jahren ja wirklich nur vereinzelt rechnen konnte!

Anwältinnen und Oberärzte, Ingenieure und Unternehmerinnen, Polizisten und Sachbearbeiterinnen und ganz viele Mütter und Väter. Einige von uns kamen nicht, vielleicht weil das Abi-Treffen ihnen egal ist, vielleicht aber auch, weil sie das Gefühl haben, ihr Portfolio aus „mein Haus, mein Boot, mein Auto" sei nicht reich genug angefüllt mit dem, was man mit Mitte vierzig so vorweisen muss; andere hatten speziell für diesen Abend vielleicht ihr schönstes „Na-klar-geht's-mir-super-Lächeln" aufgesetzt. Doch für uns alle galt an diesem Tag im Mai eines: für deine ehemaligen Schulkollegen bleibst du die oder der, der du vor 25 Jahren warst: Fazzo, Monster, Linus, Treets – ganz egal, ob ihr inzwischen Gottweiß-was Respekteinflößendes geworden seid (oder das Gegenteil davon oder etwas ganz Normales), uns ist das egal: wir kennen uns vom Oberstufenraum, vom Rauchen vor dem Schulgelände, vom gemeinsamen Pauken und Ums-Abi-Zittern, von der ersten Liebe, vom total versiebten Referat, vom beim Englischlernen gekrachten Bett im Jugendzimmer (!) und vom Blaumachen im Schlosspark.

Und noch eins eint uns, wenn wir ehrlich zueinander sind: die vielen abgefahrenen Züge und geplatzten Träume, die man im Lauf eines Lebens so zurücklässt. Und wenn man dann die Gelegenheit nutzt und vielleicht mal gemeinsam mit dem einen oder der anderen die Päckchen öffnet, die wir mit uns rumschleppen und seit dem Abi mit fünfundzwanzig Jahren mehr Leben gefüllt haben, findet jeder von uns neben jeder Menge Glück und Erfolg auch seine persönlichen Katastrophen und Niederlagen. Auch die und die Kunst, sie zu akzeptieren und in sein Leben zu lassen, gehören zu einem ordentlichen Mitte-Vierzig-Portfolio, und zwar noch viel eher als „mein Pferd, mein Porsche, mein Wochenendhaus". Vereinzelt führt diese Erkenntnis sogar dazu, dass aus einst verwöhnten Zicken Leidensgenossinnen werden, die man plötzlich ganz gut leiden kann. Nicht immer wohlgemerkt, denn richtig engagierte Nervensägen ändern sich auch in einem Vierteljahrhundert nicht. Für sie kann man nur auf die zu erwartende Altersmilde hoffen. Von der aber sind wir natürlich noch weit, sehr weit entfernt!

Überweisung

Kürzlich brauchte ich eine Überweisung in eine Fachklinik. Nichts leichter als das, dachte ich, aber es musste eine Überweisung vom Facharzt sein. (Vermutlich, weil ich schon bei der Terminanfrage die Gretchenfrage des Gesundheitswesens „Wie sind Sie denn versichert?" mit einem völlig unzureichenden „gesetzlich" beantwortet hatte.) Der vor Ort in Frage kommende Facharzt hatte Urlaub. Eine Woche lang versuchte ich daher, in einer Praxis anzurufen, in der ich früher schon mal war. Am Donnerstag kam ich endlich durch, mein Termin in der Fachklinik war am Dienstag darauf. Die Zeit wurde knapp.

Natürlich könne ich eine Überweisung bekommen, sagte die Dame am Telefon der Facharztpraxisrezeption nach Rücksprache mit dem Facharzt. Aber ich müsste mich vorher untersuchen lassen und dafür hätte sie dann auch schon im September einen Termin frei. Wie gesagt, mein Termin in der Klinik war fünf Tage später. Und eigentlich wollte ich mich doch auch dort untersuchen lassen. Warum also das Ganze? „Im September oder gar nicht." Ich wusste Bescheid. Ich versuchte es mit einer E-Mail, denn der Facharzt hat eine schöne Webseite mit einem schönen Kontaktformular. Ich war – wie so oft in solchen Fällen - der wahnsinnigen Annahme, dass seine spröde Rezeptionistin nicht in seinem Sinn handelte und dass er, wenn ich ihm persönlich meine Not schildern würde, sich sicher einsichtig zeigen würde. Bis heute hat er nichts Diesbezügliches getan. Ich schließe daraus, dass seine spröde Rezeptionistin – wie wohl so oft in solchen Fällen - durchaus in seinem Sinn handelte. Es gebe einen weiteren Facharzt in Gießen, der das alles etwas locker handhaben würde, erfuhr ich von einem Bekannten. Es war Freitagmorgen. Bis 9:15 Uhr rief ich bei dem Gießener Facharzt laut AB außerhalb der Geschäftszeiten an, dann war den ganzen Vormittag besetzt, ab zwölf Uhr kam ich wieder durch. Leider war es wieder außerhalb der Geschäftszeiten. Der Dienstag nahte. Ich sagte den Termin ab. Das Quartal neigte sich dem Ende. Ich solle lieber im neuen Quartal einen Termin ausmachen, dann, wenn ich auch wirklich eine Überweisung hätte.

„Quartal" ist ja ein geradezu magisches Wort in der Medizin, ähnlich bedeutsam wie „Wartezimmer", „Praxisgebühr" und

„außerhalb der Sprechzeiten". Das neue Quartal begann, der erste Montag nahte. Ich versuchte mein Glück wieder beim hiesigen Facharzt, dessen Urlaub nun vorbei war. Montags arbeitet er nicht, erfuhr ich vom AB, zumindest nicht in seiner Praxis. Am Dienstag, nach mehrmaligem Probieren und Schildern meiner Lage am Telefon, durfte ich – natürlich mit Überweisung von der Hausärztin, die ich gerade noch erwischte, bevor sie in Urlaub verschwand – in der Praxis vorbeischauen. Viel Erfolg sagte die Dame an dieser Facharztpraxisrezeption meinem Ansinnen jedoch nicht vorher. Als ich die Praxis betrat, musste ich meine Überweisung und Urin – offenbar die beiden großen U's im Gesundheitswesen - abgeben, dann durfte ich eine Stunde warten. Die nutzte ich sinnvoll zum Verfassen dieser Kolumne bis zu diesem Punkt. Schließlich hatte ich ja wochenlang nur am Telefon gehangen und mit Facharztpraxensprechstundenhilfen telefoniert, da musste ich meine Arbeit schon etwas effizienter gestalten als gewöhnlich. Als ich fertig war, war noch so viel Wartezeit übrig, dass ich wertvolle Erkenntnisse über die Freizeitbeschäftigung der Sprechstundenhilfen gewinnen konnte, schließlich war inzwischen Freitag und das Wochenende stand bevor. Und ich konnte mir auch Gedanken darüber machen, wie meine Geschichte wohl weiter gehen würde.

Zu meiner Überraschung war der hiesige Facharzt sehr nett. Er fand mein Ansinnen zwar nicht gerade topp – schließlich wollte ich nicht zu ihm, sondern zog ihm einen anderen Arzt vor, was ja fast ein bisschen so ist, als sollte mir mein Mann eine Fahrkarte zu meinem Liebhaber besorgen - aber ich kam mit einer Überweisung aus seiner Praxis heraus. Eigentlich mag ich die nun gar nicht in die Fachklinik bringen, sondern hätte große Lust, sie mir fett einzurahmen und an einem exponierten Platz in der Wohnung aufzuhängen. Aber da nützt sie mir ja nichts. Was will mir diese Erfahrung sagen? Dass unser Gesundheitssystem völlig absurd ist - und zwar für alle Beteiligten? Dass ich endlich mal genug verdienen sollte, um mich privat zu versichern? Oder dass das Gute so nah liegt, wenn man nur geduldig genug ist, ein wenig darauf zu warten? Keine Ahnung, aber sicher werde ich noch oft in dem einen oder anderen Wartezimmer dieser Welt Gelegenheit haben darüber nachzudenken.

Die Frau im Navi

Diese Woche hatte ich Gelegenheit, eine Dame näher kennenzulernen, die ich bisher nur flüchtig wahrgenommen hatte. Sie half mir, mich auf kleinen Fahrten für meine Zeitungsberichte im Vogelsberg zurechtzufinden und auch zu entfernteren Zielen hat sie mich bisher immer gut begleitet. Ich weiß nicht ihren Namen, aber ich weiß, dass manche Leute sie „Uschi" oder „Else" nennen, und ich weiß, dass sie mich lange Zeit getäuscht hat, um sich mein Vertrauen zu erschleichen. Die Rede ist von der Frau in meinem Navi.

Im blinden Vertrauen auf ihre Unterstützung machte ich mich mit der vollbesetzten Familienkutsche – leider ohne erwachsenen männlichen Beistand – auf den langen Weg nach Sylt. 650 Kilometer lagen vor uns und viele, viele Stunden Fahrt. Das hatte das Gerät netterweise schon ausgerechnet. Der erste Hinterhalt kam schon nach wenigen Kilometern: bereits in Kirchheim schickte uns das Navi von der Autobahn: „Die Route wird aufgrund der aktuellen Verkehrssituation geändert!". Mein Mann schwört auf die Funktion „Stauumfahrung", deswegen habe ich sie auch nicht rausgenommen, obwohl ich mich ungern bevormunden lasse.

Also, auf in die Schwalm, den Stau umfahren! Als wir Richtung Knüll abbiegen sollten, wurde es mir und meiner beifahrenden Schwiegermutter komisch und wir zogen es vor, auf der Bundesstraße zu bleiben. „Demnächst bitte wenden", sagte die Dame im Navi, und das mehrfach. In gewisser Weise sind wir uns ähnlich, bemerkte ich: eigensinnig bis rechthaberisch, wobei sie mich durch ihr ungerührtes Wahren der Contenance – nicht einmal erhebt sie ihre Stimme, wo ich schon komplett ausgerastet wäre – einmal mehr bloßstellt. Wir näherten uns Neustadt und eine leise Wut auf diese mir unbekannte Dame beschlich mich, ich wendete unaufgefordert. Es sollen ja schon Leute im Wald steckengeblieben oder in einen See gefahren sein, nur weil sie auf ihr Navi gehört haben, bemerkte meine Beifahrerin. 30 Kilometer und genauso viele Minuten später fuhren wir in Kirchheim wieder auf die Autobahn und hatten uns nach einer Stunde Fahrzeit unserem weit entfernten Ziel nur unwesentlich genähert. Einen Stau konnten wir trotz zahlreicher Baustellen nicht feststellen. Das war einerseits natürlich ein Glück, doch andererseits schwand das Vertrauen in die Navi-Fee mehr und mehr. Auf der langen Fahrt hatte sie noch häufig Gelegenheit, die Route aufgrund der Verkehrssituation neu zu berechnen oder gar zu ändern. Ich erwiderte nichts auf ihre Kommentare, dafür ließ sie uns stoisch auf der A7 weiterfahren. Nichts anderes hätte ich ohnehin getan und verfiel zunehmend der Idee, in Zukunft trotz Navi immer eine Straßenkarte an Bord zu haben. Hatte ich nun aber nicht. Und so wusste ich auch nie, wie vertrauenswürdig die Tipps aus dem Navi waren. Ich beschloss nach und nach, meiner Intuition und den Verkehrsschildern zu folgen (wobei das mit den Verkehrsschildern vermutlich sicherer ist als das mit der Intuition, zumindest mit meiner), auch als das Navi uns über Dänemark schicken wollte.

„Letzte Ausfahrt vor der Bundesgrenze", stand auf einem Schild. Ich fuhr von der Autobahn ab. „Demnächst bitte wenden!", sagte die Unbekannte mit gleichbleibender Bestimmtheit, ich tat es nicht. Ich hatte Angst, die nächste Stunde durch die mir gänzlich unbekannte Schwalm von Nordfriesland zu tuckern und verließ mich auf die Schilder. Als wir den Autozug erreichten, riet mir die Stimme „Dem Straßenverlauf 40 km folgen". Ich war schlau und fuhr nur die paar Meter auf den Zug. Mich verarschst du nicht, rief ich zum Erstaunen meiner Kinder, und fühlte mich wie eine Große, weil ich am Ende Sylt quasi ganz allein gefunden hatte. Ätsch!

Lassen Sie sich nicht in die Irre führen, zumindest nicht von Ihrem Navi!

Termine

Zukunft ist für manche Menschen das, was in zwei oder zehn Jahren sein wird, für andere ist Zukunft die Frage, was es zum Mittagessen gibt. Zukunft kann beides sein und sicher an ihr ist nur, dass nichts sicher ist: „Prognosen sind schwierig, besonders wenn sie die Zukunft betreffen." Dieses Zitat wird nicht nur Karl Valentin zugeschrieben, sondern auch Mark Twain und Winston Churchill. Schon allein, dass sich drei herausragende Köpfe zumindest imaginär um diesen Ausspruch streiten, spricht für dessen Wahrheitsgehalt. „Leben ist das was passiert, während du dir etwas ganz anderes vorgenommen hattest" – auch dieses Zitat wird zwei großen Denkern zugesprochen: John Lennon und Henry Miller.

Diese beiden Weisheiten fielen mir ein, als ich – wieder mal - einen Arzttermin absagen musste, den ich vor gefühlten fünf Jahren ausgemacht hatte. Auf welche wundersame Weise sich immer wieder ein Kalenderblatt füllt, das doch Monate zuvor noch jungfräulich weiß war, darüber habe ich mich ja schon öffentlich gewundert, aber dass es tatsächlich Einrichtungen gibt, die allen Ernstes glauben, man könnte einen fixen Termin Monate im Voraus ausmachen und ihn dann auch noch einhalten, das finde ich eigentlich noch eigenartiger. Früher kannte ich das nur von den Karten für die Hersfelder Festspiele. Da muss man sich ja auch immer im Herbst schon festlegen, an welchem Tag im folgenden Sommer man sich wohl gerne mal in die Theaterklamotten wird werfen wollen und ob man vielleicht noch vorher schnuckelig wird essen gehen wollen und hofft, dass man bis dahin noch in der Verfassung ist, die Veranstaltung auch zu besuchen. Denn das weiß man ja nie. Zumindest aber ist es kein großes Opfer, sich die Zeit für einen solch lang geplanten Abend zu nehmen und die Vorfreude ist ja auch was Schönes - was man für Arztbesuche nur sehr eingeschränkt behaupten kann.

Mein Leben ist ja aufgrund vieler Dinge, nicht zuletzt meiner Arbeit für eine Ihnen bekannten Tageszeitung, eher kurzfristig geworden. Ich bin zwar durchaus imstand, Termine in weiter Zukunft auszumachen und NICHT zu vergessen, aber das Kurzfristige liegt mir einfach mehr und ich rechne eigentlich immer damit, dass je weiter so ein Termin sich vom aktuellen Augenblick entfernt, er umso unwahrscheinlicher wird. Dumm nur, wenn das Ganze dann so abläuft, dass man monatelang auf einen Termin hingearbeitet hat, zum Beispiel einen Zahnarzttermin mit allen drei Kindern, und diesen dann kurzfristig absagen muss. Man bekommt ja nicht kurzfristig einen neuen, sondern ist gezwungen, einen weiteren Termin Monate später anzunehmen. Natürlich haben wir alle vier da heute noch nichts vor und greifen beherzt zu, wenn uns ein Datum nach Weihnachten und Ostern angeboten wird– aber weiß ich denn, was in vier, fünf Monaten sein wird? Klassenfahrt, Nase gebrochen, Musikwettbewerb, Kindergeburtstag, Unpässlichkeiten vielerlei Art, Beerdigung, Elterncafé – irgendwas ist doch immer, und wenn man großes Pech hat und zugegebenermaßen über das seltene Talent verfügt, jeden Tag erfolglos zweimal zu verplanen, dann schafft man es vielleicht ein ganzes Jahr lang nicht zum Arzt seines Vertrauens, zum Friseur oder wohin auch immer. Und es ist ja auch nicht so, dass – gerade bei Arztbesuchen – sich die Dauer der Vorlaufzeit in irgendeiner Weise positiv auf die Wartezeit vor Ort auswirken würde – das wäre vielleicht mal eine Anregung, gerade wenn man so genaue Termine wie beispielsweise den 21. Mai 2013 um 9:10h ausmacht.

„Lebensplanung ist das Ersetzen des Zufalls durch Irrtum" – auch dieses Zitat, falls ich es mal verstehen sollte, hört sich sehr zutreffend an. Es stammt von Hubertus Meyer-Burckhardt, und ich glaube, es ist was Wahres dran…

Planen und dabei flexibel bleiben – vielleicht wäre das was für uns. Dazwischen gilt: viel Spaß beim Leben!

Warten

Heute lesen Sie mal wieder etwas, das Sie oder Sie oder Sie genauso hätten schreiben können. Es geht um das Warten. Das Warten in Krankenhäusern. Ich hatte in meinem Leben schon ausgiebig Gelegenheit, in Krankenhäusern zu allen möglichen Tages- und Nachtzeiten auf das eine oder andere zu warten. Nach einer Stunde fragt man sich, ob man vielleicht vergessen wurde oder unsichtbar geworden ist. Ab der dritten Stunde dämmert einem, dass es in der Klinik möglicherweise ein organisatorisches Problem geben könnte, aber man will ja nicht unhöflich sein oder gar drängen. Also wartet man weiter.

Gerade letzte Woche saß ich wieder in einer sehr großen Marburger Klinik. Dort muss man bereits zum Warten eine Wartekarte ziehen, denn hat man die nicht, kann man schon das erste Mal warten, bis man schwarz wird. Das hatten wir bald verstanden. Kaum waren dreißig Minuten um, warteten wir schon auf der richtigen Station, wenn auch mit bangem Gefühl. Dort konnte man sich nämlich nicht noch mal anmelden. Man sollte einfach nur seine Unterlagen in eine dafür vorgesehene Ablage stecken, die aussah wie ein Zeitungsständer. Das Wartezimmer war voll, in dem Zeitungsständer steckte nichts. Die anderen Patienten ermunterten mich, dennoch meine Papiere dort abzulegen, und spätestens ab dann musste man aufpassen wie ein Schießhund. Wann würde jemand der vielen Menschen, die in weißen Kitteln und Kaftanen zu Hauf an unserem Warteraum vorbeiliefen, unsere Sachen mitnehmen? Ich fragte mich, wo um Himmels Willen das Nest dieser Weißkittel ist, wo sie gesenkten Blickes und schnellen Schrittes hingehen, woher sie kommen. Und natürlich fragte ich mich gemeinsam mit meinen Kindern, wann wir endlich dran sein würden.

Es war eine bunte Runde Eltern mit ihren Kindern, die warteten. Manche von uns wurden aufgerufen, kamen zurück und warteten wieder. Manchmal war man selber dran, kam zurück und wartete wieder. Die Stunden vergingen. Da sich niemand von seinem Warteplatz wegtraute – es könnte ja sein, man wird genau da aufgerufen –, teilten wir, was wir mitgebracht hatten. Brote, Schnuggel, Spielsachen. Ich eröffnete eine kleine Vorleserunde und ein Vater reinigte in der Zeit, in der wir vorübergehend beim Arzt waren, den Nintendo DS meiner Kinder, dass er nur so strahlte. Wir unterhielten uns schließlich über alles Mögliche, und als am späten Nachmittag die ersten von uns gehen durften, bedauerten wir es fast ein wenig. Wir hatten uns doch gerade erst kennengelernt! Auch wir waren irgendwann fertig. Einen neuen Termin, hieß es, müssten wir bitte telefonisch ausmachen, der Computer war schon runtergefahren. Die Geduld meiner Kinder hatte sich inzwischen antiproportional zu ihrem Hungergefühl entwickelt und ich ging mit ihnen in die Cafeteria. Auch dort herrschten schon die ersten Auflösungserscheinungen. Wir bekamen den letzten Kuchen und den allerletzten Kaffee.

Einzig der Parkhausautomat funktionierte noch. Sieben Euro wollte er haben für sieben Stunden. Ich rechne ungern, aber es war leicht: Jede Stunde ein Euro. Ich berechnete die Netto-Arztzeit und kam – bereits mit dem allerbesten Willen und dem Hang zur Vereinfachung – auf etwa eine Stunde. Sechs Stunden hatte ich die Leistungen des Krankenhauses nicht in Anspruch genommen. Ich fragte mich, ob es wohl eine Stelle gibt, an der ich diese sechs Euro zurückverlangen kann, für die ich mich nicht verantwortlich fühlte. Aber dann dachte ich, dass es vielleicht ein geheimes Abkommen zwischen dem Krankenhaus und dem Parkhausbetreiber gibt, nach dem die Leute möglichst lange warten müssen, wenn sie schon mal da sind, damit das Parkhaus auch immer schön ausgelastet ist (nicht, dass es das nicht morgens um halb zehn schon gewesen wäre). Ich halte das für sehr wahrscheinlich und werde bei meinem nächsten Besuch vorschlagen, um die Einkommenssituation des Krankenhauses weiter zu verbessern, doch in den einzelnen Wartezimmern in regelmäßigen Abständen mit einem Servicewagen voller überteuerter Sandwiches und Kuchen sowie Kaffee und anderen Getränken durchzugehen. Mit vollem Bauch, finde ich, wartet es sich doch noch viel gemütlicher.

Mehr Licht!

Kleine Reisen zwischendurch sollen ja sehr erholsam und nachhaltig sein, lehrreich und blitzheilend sind sie außerdem, so am vergangenen Wochenende, als es mich mit Schniefnase, Halsschmerzen und Husten zum Frauenwochenende nach Weimar zog. Nicht nur der Anblick meiner Freundinnen, auch das schöne Wetter und die gute Stimmung sorgten für spontane Genesung und es so ging ans Entdecken. Schließlich ist Weimar ja – nach unserem lieben Frankfurt – die Heimat des deutschen Dichters schlechthin. Kein Stein, auf dem nicht „Goethe" oder zur Not auch „Schiller" stünde, wenn man ihn nur lang genug umdreht.

Doch was findet man noch auf den Spuren Goethes, jetzt mal abgesehen vom Goethekaufhaus am Theaterplatz (das ich, vermutlich doch noch zu geschwächt, tatsächlich nicht betreten habe), von dem aus man auch einen Blick auf das Schillerkaufhaus werfen kann, worüber sich die beiden Herren wohl sehr gefreut hätten? Zum einen stellten wir Mutmaßungen an über Goethes bekannte letzte Worte: „Mehr Licht" soll er ja gesagt haben. Wir fragten uns, während wir so durch Weimar schlenderten, ob er damit nun mehr Weisheit für die Menschheit gemeint haben könnte, oder ob es ihm in seiner Todesstunde wohl zu dunkel war. Angesichts der heutigen nächtlichen Lichtverhältnisse in Weimar wäre das durchaus möglich, denn die Stadt könnte tatsächlich ein wenig mehr Licht vertragen. Oder war er bloß mit seinem letzten Satz nicht fertig geworden? Wollte er, bevor der Tod ihn übermannte, sich vielleicht eher über den Zustand seines Bettes beklagen? „Mer licht hier so schlescht", könnte der gebürtige Frankfurter in schönstem Hessisch auf den Lippen gehabt haben, und wer weiß, vielleicht stimmt es ja auch.

Das einzige Geheimnis des Dichters vermutlich, das ungelüftet bleibt. Denn natürlich, wenn man so einen großen Mann seinen Bewohner nennt, dann muss man ihn der interessierten Öffentlichkeit auch präsentieren: In Goethes Haus beispielsweise, wo einen schon eine gewisse Ehrfurcht packt, wenn man die breite Treppe hochgeht und sich vorstellt, dass er und seine Frau Vulpius, mit der er 18 Jahre lang in wilder Ehe lebte, der Herr Geheimrat, dass die beiden also dort himself und herself hochgeschritten sind, das hat schon was! Sein Arbeitszimmer ist dort im Originalzustand zu bewundern. Dort diktierte er seinen Sekretären seine Werke, und an einer Wand des Hauses ist zu lesen: „Kannst du lesen, so sollst du verstehen; kannst du schreiben, so musst du etwas wissen…". Gut, dass man heute googeln kann, sonst müsste ich nun das Schreiben aufgeben.

Nicht die einzige Desillusion, denn etwas enttäuscht war ich auch von der Größe des Meisters. Von den vielen Bildern, Statuen und Büsten, die man im Lauf eines Lebens so von ihm sieht, hatte ich ihn mir als stattlichen Mann vorgestellt, aber, er war wohl auch nicht größer als seine Zeitgenossen, falls er in sein Bettchen gepasst hat, was ich für ihn hoffe. Wenn nicht, würde das ja sehr für die Verlängerung des Satzes „Mer licht" sprechen. Außerdem trug Goethe ein grünes Schild über den Augen, mit dem er sich vor zu hellem Licht schützte, noch ein Indiz gegen „Mehr Licht" übrigens. Also, man stelle sich den Womanizer der deutschen Literatur einmal vor: mit grünem Augenschutz in einem zu kleinen Bett. Das wäre ja heute in etwa so, als ob man George Clooney beim Reinigen seiner Zahnprothese oder beim Kämmen seines Toupets zusähe. Und ob man nun tatsächlich im Weimarer Goethemuseum in der Ausstellung mit dem vielversprechenden Titel „Lebensfluten - Tatensturm" seine geblümten Hosenträger zeigen muss und seinen linken Fausthandschuh, das weiß ich auch nicht so recht.

Aber wie dem auch sei, Goethe und Co. haben Weimar gutgetan, und nicht nur Weimar. Goethe hat uns nicht nur eine unglaubliche Vielfalt an Werken hinterlassen, sondern in Weimar auch genauso unglaublich schöne Plätze und Eindrücke. Er schrieb übrigens, will man den Aufzeichnungen im Museum glauben, am liebsten in unbequemer Haltung. Er fand, dass bequeme Möbel seinen Gedankenfluss bremsen und ihn in einen passiven Zustand versetzten. Ach so….

Kommunikationsprobleme

Eigentlich bin ich ein friedfertiger Mensch, in den meisten Fällen harmoniesüchtig bis zur Selbstaufgabe – finde ich zumindest. Aber manchmal passiert es, dass mich Dinge reizen bis aufs Blut. Allein schon, dass es Dinge sind, ist das Verrückte an der ganzen Sache. Letzten Samstag beispielsweise hatte ich wieder eine lange Diskussion mit dem Flaschenrückgabeautomaten meines Lieblingssupermarktes. Eine sehr einseitige übrigens, und natürlich auch erst, nachdem ich fünfzehn Minuten lang zwei Jugendlichen zugesehen hatte, wie sie ihre Dosen und Plastikflaschen zurückgeben wollten. Die hatten sie vorher extra schön zerknüllt, wohl damit sie alle in die Plastiktüte passten. Nun standen sie vor dem Automaten und versuchten die Dinger zu entknüllen und gleichzeitig nach Besitzer und Pfandempfänger zu sortieren. Gut für mich, dass ich gerade vorher in meiner Frauenzeitschrift etwas über den Sinn des Wartens gelesen hatte. Dennoch war ich froh, als diese sinnvolle Tätigkeit zu Ende war und ich zur Tat schreiten konnte.

Nun muss man wissen, dass ich es nur ganz schwer leiden kann, wenn mich jemand zurechtweist, noch dazu wenn ich diesen Jemand für dümmer halte als mich selbst. Sicher nicht eine meiner besten Eigenschaften, auf den Automaten dürfte das aber ohne Frage zutreffen. Umso mehr bekam ich Zuckungen im rechten Fuß, als auf dem Display erschien: „Kiste andersherum drehen". Hä? Die Kiste steht gut, Alter! Hinter mir standen die ersten weiteren Flaschenzurückgeber und wippten ungeduldig hin und her. Offenbar hatten sie den Beitrag in der Frauenzeitschrift nicht gelesen. Ich drehte die Kiste um 90°. „Kiste andersherum drehen", nölte der Automat, worauf ich erneut um 90° drehte. Macht nach Adam Riese 180°, will sagen, die Kiste stand in die gleiche Richtung wie erst, aber dann war es recht. Doch der automatische Mitarbeiter war noch nicht zufrieden. Schamlos nutzte er seine Position aus – ich wollte meine Flaschen loswerden, er hatte die Macht, sie abzulehnen - und er gab mir keine Chance, mit ihm zu diskutieren. Sehr wahrscheinlich ist er von einem sehr frustrierten, der ewigen Diskussionen überdrüssigen Mann mit rudimentären Grammatikkenntnissen konstruiert worden, dachte ich. „Flasche passt nicht in Kiste", meckerte der Automat mich an und spuckte die Kiste erneut aus. Ich schaute nach. Alles tacco, wie man heute so schön sagt. Kiste wieder rein. „Flasche passt nicht in Kiste" – gut, dass der Automat nur ein Display hat und keine Lautsprecherausgabe, kam es mir in den Sinn, sonst würde er mich jetzt bestimmt auch noch bald anschreien. Ich nahm die Kiste raus und beschloss, sie im Laden abzugeben. Als ich noch ein paar einzelne Flaschen abgab, ging es weiter. „Flaschen nicht werfen". Weiß ich doch. Mach' ich doch auch gar nicht. Ich legte die Flaschen auf das Band wie eine Mutter ihr Neugeborenes in die Wiege. „Flaschen langsamer eingeben". Ja, ja, alles, was du willst, nur nimm mir bitte endlich meine Flaschen ab!

Ich verfiel in Demut, aber es nützte nichts. Die Schlange hinter mir stand bis auf den Hof. Ich drückte den Pfandbonknopf und ging gesenkten Hauptes an ihr vorbei – mit dem verweigerten Leergut direkt zur Kasse im Supermarkt. Ich war, sagen wir mal, leicht angepisst, als ich den Mann an der Kasse aufforderte, das Zeug zurückzunehmen und über die Kundenfreundlichkeit seines vollautomatischen Arbeitskollegen nachzudenken. „Aber der Automat spricht doch mit Ihnen", sagte er sehr freundlich, und ich meine, etwas Mitleid in seinem Blick gesehen zu haben. Spricht mit mir? Geht's noch?

Gut, dass ich gesprächstechnisch nicht auf Flaschenrücknahmeautomaten angewiesen bin – Sie hoffentlich auch nicht

Fußballphilosophie

Um es gleich klarzustellen: ich verstehe von Fußball so gut wie nichts. Wir sind ein völlig fußballfreier Haushalt, nur alle zwei Jahre zur WM und EM lassen wir uns mitreißen und müssen uns immer wieder neu in die Abseits- und Foulregeln einarbeiten, was bis zum Endspiel manchmal auch gelingt. Ansonsten bin ich – zumindest im Herzen - immer Fan der Mannschaft, die gerade gegen den FC Bayern München spielt, wahrscheinlich, weil ich es mir gerne schwer mache im Leben und weil ich finde, FC Bayern Fan sein ist einfach – und langweilig noch dazu. Eingefleischte Bayern-Fans aus meinem nächsten familiären Umfeld, die bereits als Sechsjährige in rotweißblauer Bettwäsche geschlafen haben, finden das nicht: die Anfeindungen gegen den Mia-san-Mia-Verein seien doch letztlich kein Vergnügen. Mag sein, ein Phänomen ist es dennoch: lauter nette Jungs wie Lahm, Schweinsteiger oder Neuer ergeben einen unsympathischen Verein, der knapp am Größenwahn vorbeischrammt – fragt sich nur, auf welcher Seite. Kann das allein am schlechten Einfluss von Rummenigge, Hoeneß und Ribéry liegen?

Wie dem auch sei, das DFB-Pokal-Endspiel am vergangenen Samstag hat uns dann doch mitgerissen! Was am Anfang etwas lahm begann, wurde, finde ich jetzt ernsthaft, Fußball vom Feinsten, weil man in einem guten Fußballspiel – gut, soweit ich das beurteilen kann -, nämlich das richtig wahre Leben findet: Da werden Pläne gemacht, wen man am besten mit wem wo spielen lässt – im Fußball heißt das dann „Dreierkette" oder „Doppelsechs" (Ach im richtigen Leben auch? Wusste ich gar nicht!)-, da wird gekämpft, nicht immer fair, da wird geschummelt, da wird immer wieder aufgestanden, werden die Zähne zusammengebissen und weiter geht's.

Und es gibt böse Enttäuschungen, wie die des nichtgegebenen Tors für Dortmund. „Was wäre gewesen, wenn?", fragen sich Fans und Fußballspieler, und das fragt man sich im richtigen Leben doch auch ständig: „Was wäre gewesen, wenn ich rechtzeitig George Clooney über den Weg gelaufen wäre?" oder etwas profaner: „Wie wäre mein Leben verlaufen, wenn ich oder jemand anderes für mich an diesem oder jenem Punkt eine andere Entscheidung getroffen hätte?" Säße ich dann wie meine ehemalige Studienkollegin als Chefdolmetscherin des Innenministers ohne Kind und Kegel in Berlin und fände ich das dann toll? Vielleicht wäre gar nicht groß was anderes passiert, vielleicht wären manche Stationen nur Umwege zu einer Situation, die schließlich genauso wäre, wie die jetzige: Vielleicht hätte das Führungstor dem BVB so viel Auftrieb gegeben, dass sie das ganze Spiel für sich hätten entscheiden können, vielleicht hätte es aber auch in den Bayern so viel Kampfgeist geweckt, dass es schon in der ersten Halbzeit zu drei Gegentoren gekommen wäre und alles viel früher entschieden wäre? Vielleicht, hätte, wäre – das Leben ist voller Spekulationen und wenn man meint, man wäre auf dem richtigen Weg, dann kommt wieder das Schicksal dazwischen – was besonders hart ist, wenn es wie beim BVB zum wiederholten Mal in Person eines glatzköpfigen Holländers mit einem Tiernamen auftritt. So viel Metaphysik in einem Fußballspiel – unglaublich!

Am Samstagabend konnten wir sehen, wie „Tote auferstehen" (Ja, der FCB hatte vorher EIN Spiel verloren), wir waren ehrlich beeindruckt von dem Willen und der Kraft der Spieler, die das Allerletzte aus sich rausholten – alle Spieler, auch die des FCB - und bis zum Ende hochkonzentriert waren. Ich muss zugeben, dass ich sogar meinem nicht gerade Busenfreund Franck Ribéry Respekt zollte für sein gutes Deutsch und seine Gelassenheit, mit der er auf unsinnige Journalistenfragen geantwortet hat, und am Ende hatte ich eine weitere Erkenntnis: Dem BVB wurden von allen Seiten Respekt und Anerkennung entgegengebracht, eigentlich etwas Tolles, aber nicht, wenn es die auch noch so ernst gemeinten Trostworte für den Verlierer sind. Dann sind Respekt und Anerkennung nämlich nichts im Vergleich zu einer Bierdusche, Männerküssen und Goldkonfetti. Schade nur, langweilig geradezu, dass nicht mal ein anderer in den Genuss kam. Und so werde ich auch weiterhin auf der Seite des bayrischen Gegners sein. Das muss ja auch einer machen!

Alte Liebe

Ob Sie mich heute mal in Alsfeld sehen, kann ich noch nicht genau sagen, denn ich muss zu einer wichtigen Geburtstagfeier. Eine alte, frühe Liebe von mir! Sie (oder er, keine Ahnung) wird 40!

Was haben wir nicht alles zusammen erlebt! Die ersten Küchenmöbel haben wir quasi zusammen gekauft – mit einem kleinen Inbusschlüssel habe ich (ICH!) sie in einer Nacht aufgebaut, und plötzlich wohnte ich nicht nur, ich lebte auch! In diesen Anfangszeiten war unsere Beziehung noch sehr innig: Andauernd brauchte ich irgendwas: ein Schlafsofa, einen Kleiderschrank. Mit jedem Umzug (insgesamt sieben bis zur Sesshaftwerdung in Altenburg) wurden meine Wohnungen ein bisschen größer und meine große schwedische Liebe war stets an meiner Seite. Sie schenkte (nur im übertragenen Sinn) mir den kleinen Billy, der immer so gut zu meinen Büchern war, und das Sofa Klippan, unzählige, um nicht zu sagen unendlich viele Teelichter, Kerzen, Servietten, Bilderrahmen, Stoffe, Bilder, Lampen und Weihnachtsdekorationen.

In den praktischen Umzugskisten Jättene fand alles Platz und hielt mir jahrzehntelang die Treue, egal wo – und selbst, als wir uns familiär vergrößerten, war die konsequent in Blau-Gelb Gewandete stets an meiner Seite. Mit ihr zusammen erstand ich so wichtige Dinge wie die Kommode Biallit, auf der ich drei Kinder wickelte, dazu jede Menge Knete, Straßenkreide, Stofftiere, kleine blaue Stühlchen mit passendem Tischchen und mit zunehmendem Alter der Kinder die Regale Expedit und Lack in den schönsten Farben! Apropos Kinder: auf der Suche nach nordischen Kindernamen wälzte ich in der Schwangerschaft den Katalog des geliebten schwedischen Möbelhauses – nur ganz knapp sind sie an so schönen Namen wie Brimnas, Nördli und Önsklig vorbeigeschrappt.

Wenn ich heute zu IKEA fahre, wünscht mir mein Mann nicht etwa „Gute Fahrt", sondern fleht mich an, „nichts mit Schrauben zu kaufen" und gibt leise zu bedenken, dass es in unserer Wohnung auch mal eine Stelle geben könnte, an der nichts hängt. Meistens kann ich ihn vom Gegenteil überzeugen, nur bei dem leuchtend roten Mobile „Glamourös", das für unser Wohnzimmer gedacht war, blieb er hart... Überhaupt hat er nicht wirklich viel Spaß beim Einkaufen in dem schwedischen Möbel- und Krimskramsparadies. Wie viele seiner Artgenossen trottet er – wenn er überhaupt mitkommt – lustlos bis abwesend durch fantastische 28qm-Wohnwelten, vorbei an Regalen mit tausend Töpfen, Kerzenständern und Weingläsern. It's a woman's world, definitiv! Einzig, wenn das Restaurant angesteuert wird, hellen sich die männlichen Mienen ein wenig auf, und dort passiert Mal für Mal etwas ganz Eigenartiges mit mir: Ich überlege genau, ob ich lieber den Lachs oder die Gemüselasagne nehme, und dann, wenn mich die netten Menschen hinter dem Büffet fragen, was ich möchte, kommt es völlig unkontrolliert aus mir heraus: „Einmal Köttbullar, bitte!" Ich kann nichts dagegen tun...

Ja, und dann natürlich das Småland: Mehrere Generationen von Jugendlichen und jungen Erwachsenen wurden dort sozialisiert – in Bällchenbad und stilisierten schwedischen Landschaften aus Pappe, Stoff und Schaumgummi. Ich denke, um die müssen wir uns keine Sorgen machen! Ein bisschen vielleicht, denn als ich letztens bei Ikea war und auf der Toilette der Kondomautomat kaputt war (nicht, dass ich welche hätte kaufen wollen), wurden die Interessenten aufgefordert, sich im Småland zu melden. Ehrlich! Ich weiß nicht, ich hätte die Kondome vielleicht doch eher in der Schlafzimmerabteilung zwischengelagert. Aber so sind sie, die Schweden, immer offen und gutgelaunt!

Und nun wird Ikea 40. Müssen wir jetzt Sie dazu sagen oder können wir uns weiter duzen? Werden endlich drei Besuche bei Ikea während der Schwangerschaft Vorschrift und im Mutterpass vermerkt? Und wann wird neben dem Småland endlich ein Mänland gebaut – so mit Biertheke, Sauna und Zusammenbautraining, in dem die Männer den Ballast aller bisherigen Handwerkerkenntnisse einfach hinter sich lassen können? Ich finde, mit 40 wird es dafür endlich Zeit! Darauf einen Kåldolmar mit Sylt Lingon!